C·G· JUNG
OS LIVROS NEGROS

1913–1932

C·G· JUNG
OS LIVROS NEGROS

1913–1932

CADERNOS DE TRANSFORMAÇÃO

LIVRO 3

Editado por
SONU SHAMDASANI

TRADUÇÃO
MARKUS A. HEDIGER

REVISÃO DA TRADUÇÃO
DR. WALTER BOECHAT

PHILEMON SERIES
Em colaboração com a Fundação para as Obras de C.G. Jung

EDITORA VOZES
Petrópolis

30.XII 13 — 14.I.1914

III

30. XII. 1913.

Allerlei Dinge führen mich so weit weg von meiner Wissenschaft, der ich fest verschrieben zu sein glaubte. Durch sie wollte ich der Menschheit dienen, und jetzt, meine Seele, führst Du mich zu dir unnennbaren Dingen. Ja, es ist die zwischenwelt, die weglose, vielfach schillernde. Ich vergass, ich bin in einer neuen Welt angelangt, die mir fremd war zuvor. Ich sehe nicht Weg noch Steg. Thut Leid es wahrzunehmen, was ich von der Seele glaubte, dass sie nämlich ihren eigenen Weg beschreiten würde, und dass keine Absicht ihr einen beliebigen Weg vorschreiben könne. Ich fühle, dass da Wissenschaft ein grosses Stück abgebrochen wird. Es muss wohl sein, um der Seele und ihres Lebens willen. Ausserdem ist es der Gedanke, dass dies alles für mich geschehen hat und dass vielleicht niemand Licht aus dem, was ich emporschaffen gewinnen kann. Aber meine Seele verlangt diese Leistung. Ich soll es auch für mich allein thun können ohne Hoffnung — um Gotteswillen. Fürwahr ein harter Weg. Jedoch jene Anachoreten der ersten christlichen Jahrhunderte — was thaten sie Anderes? Und waren es etwa die Schlechtesten oder Untauglichsten der damals lebenden Menschen? Wohl kaum, denn es waren die, welche die unerbittlichste Consequenz aus der psychologischen Nothwendigkeit ihrer Zeit zogen. Sie verliessen Weib und Kind

5 [3·1]

Reichthum, Ruhm und – Wissenschaft und wendeten sich ein zu der Wüste – nun Gottes Willen. So sei es.

———————

Die Wüste – gelber Sand ringsum in Wellenghäupt – eine prachtklar jähe Sonne, – der Himmel stahlblau – die Luft flimmernd über der Erde – Rechts ein tiefeingeschnittenes felsiges Flussthal – mit ausgetrocknetem Bett – ein paar matte Gräser und einige staubige Dornbüsche. Im Sande sehe ich Spuren nackter Füsse, die vom Felsthal kommen auf die Hochebene. Ich folge ihnen, sie führen mich nachlinks einer hohen Sand – Düne entlang. Wo sie abfällt, wenden sich die Spuren nachrechts – sie scheinen frisch zu sein – dazwischen sind ältere halbverwehte Spuren. Ich verfolge sie aufmerksam. Sie gehen immer nachrechts, offenbar dem wenn sacht Abhang der Düne entlang

Nun wenden sie sich nochmehr nach Rechts und münden in eine andere Spur ein — es ist dieselbe Spur, der ich schon folgte, die aus dem Felsenthal heraufführt. Ich folge erstaunt den Spuren nun abwärts. Bald gelange ich an die beiden röthlichen, merkwürdig vom Wind zerfressenen Felsen. Auf dem Stein verliert sich die Spur, aber ich sehe, wo der Fels in Stufen abfällt und steige hinunter. Die Luft glüht und der heiße Fels brennt durch meine Sandalen meine Sohlen. Jetzt bin ich unten. Da sind auch die Spuren wieder im Sande. Sie führen den Windungen des Thales entlang eine kurze Strecke weit. Da stehe ich vor einer schilfgedeckten, kleinen, elenden Hütte aus lehmumziegeln. Ein wackeliger Bretter-laden bildet die Thüre, darauf ein Kreuz mit rother Farbe gemalt ist. Ich öffne diese. Ein magerer Mann mit kahlem Schädel und tiefbrauner Haut, in einen einfachen weißen Leinenmantel gehüllt sitzt auf einer Matte, mit dem Rücken an die Hauswand gelehnt. Auf

seinen Knien liegt ein Buch in gelblichem
Pergament und schöner schwarzer Schrift —
ein griechisches Buch — das neue Testament.
Kein Zweifel — ich bin bei einem Anachoreten
der libyschen Wüste.

„Störe ich Dich, Vater?" frage ich leise.
„Du störst nicht. Aber nenne mich nicht
Vater. Ich bin ein Mensch wie Du." „Was ist
dein Begehr?"

Ich komme ohne Begehr. Ich bin
von Ungefähr an die Stelle der Wüste gekommen
und fand oben Spuren im Sand, die mich
im Kreise herum zu Dir führten.

„Du fandest die Spuren meines all-
täglichen Ganges zur Zeit der Morgenröthe
und zur Zeit der Abendröthe."

(Sein Ton ist ruhig und selbstverständ-
lich. Kein Erstaunen über den Fremdling, keine
Neugier und keine Pose.)

Verzeih mir, wenn ich Deine Andacht
unterbreche. Es ist aber eine seltene Gelegenheit
für mich, bei Dir zu sein. Ich habe noch nie

einen Anachoreten gesehen.

„Du kannst weiter abwärts in diesem Thale nicht wenig sehen. Die Einen haben Hütten wie ich, Andere wohnen in den Gräbern, die die Alten in die Berge gehöhlt haben. Ich wohne zu oberst im Thale, weil es hier am einsamsten und stillsten ist und ich die unendliche Ruhe derselben so nahe liebe."

Bist Du schon lange hier?

„Ich lebe hier seit vielleicht zehn Jahren. Aber wirklich, ich kann mich nicht mehr genau entsinnen, wie lange es ist. Es können scheinbar Jahre länger sein. Die Zeit vergeht so rasch."

Die Zeit vergeht Dir rasch? Wie ist es möglich? Dein Leben muss furchtbar eintönig sein!

Der Anachoret blickt mit ruhigem Erstaunen zu mir auf:

„Gewiss vergeht die Zeit mir rasch, viel zu rasch sogar. Du scheinst im Fluch zu sein?"

Ich? nein – nicht gerade. Ich

bin im christlichen Glauben aufgewachsen.

„Nun, wie kannst du denn fragen, ob mir die Zeit lang werde? Denn musst du ja wissen, womit ein Anachoret beschäftigt ist. Lang wird die Zeit nur den Müssiggängern."

Verzeih mir wiederum — meine Neugier ist gross — womit beschäftigst du dich denn?

„Bist du ein Kind? Für's Erste siehst du's doch, dass ich hier lese, und dann habe ich meine regelmässige Zeiteintheilung.

Aber ich sehe gar nichts, womit du dich hier beschäftigen könntest. Dieses Buch musst Du doch schon öfters ganz gelesen haben. Und wenn es, wie ich vermuthe, die vier Evangelien sind, so kennst Du sie doch gewiss schon auswendig."

„Wie kindlich sprichst du! Du weisst doch, dass man ein Buch viele Male gelesen haben kann — vielleicht kennst du es fast auswendig, und trotzdem, werden die wenn du die vor dir liegenden Zeilen wieder anblickst, werden Dinge neu erscheinen oder es werden dir sogar ganz neue Gedanken kommen, die du zuvor nicht hattest. Jedes Wort kann zeugend wirken in deinem Geiste. Und vollends, wenn du das Buch für eine Woche einmal weggelegt hast und es dann wieder nimmst, nachdem dein Geist unterdessen durch verschiedene Verwandlungen hindurchgegangen ist, dann wird dir mehr als ein neues Licht aufgehen.

Das kann ich schwer begreifen. Es steht doch immer nur ein und dasselbe im Buche, gewiss ein sehr wunderbarer und tiefsinniger, sogar göttlicher Inhalt, aber doch nicht so reich, dass er ungezählte Bücher füllen könnte.

„Du bleibst erstaunlich. Wo liesest du denn dieses heilige Buch? Siehst du tatsächlich immer einen und denselben Sinn darin? Woher kommst du? Du bist wahrhaftig ein Heide."

Ich bitte Dich, nimm es mir nicht übel, wenn ich wie ein Heide rede. Lass mich nur mit Dir reden. Ich bin hier, um von Dir zu lernen. Betrachte mich als unwissenden Schüler, der ich auch bin in Deinen Dingen.

„Wenn ich Dich Kinde nenne, so betrachte dies nicht als Vorwurf. Auch ich war früher ein Kind und dachte, wie ich mich gut erinnere, genauso wie Du. Wie kann ich dir also deine Unmündigkeit verdenken?"

Ich danke dir für deine Geduld. Es liegt mir sehr viel daran zu wissen, wie Du liesest und was Du aus diesem Buch herausziehst.

„Deine Frage ist nicht leicht zu beantworten. Einem Blindenist Farben zu erklären, ist leichter. Vor Allem musst du dir Eines klar machen: Eine Reihenfolge von Worten hat nicht blos einen Sinn. Die Menschen streben blos danach, den Wortfolgen einen einzigen Sinn zu geben. Dieses Streben ist weltlich und beschränkt und gehört zu den tieferen Stufen des göttlichen Schöpferplanes. Auf den höheren Stufen der Einsicht in die göttlichen Gedanken haben erkennst du, dass die Wortfolgen mehr als einen gültigen Sinn haben. Allein dem Allerwendeten ist es enthein gegeben, alle Sinne der Wortfolgen zu kennen. Wir bemühen uns fortschreitend, einige weitere Bedeutungen zu erkennen."

Wenn ich Dich recht verstehe, so meinst Du, dass auch die heiligen Schriften der neuern Bundes einen doppelten Sinn, einen exoterischen und einen esoterischen haben, wie einige jüdische Gelehrte es von den ihren heiligen Büchern behaupten.

"Dein trüber Aberglauben sei ferne von mir. Schwerlich, Du bist ganz unerfahren in göttlichen Dingen."

Ich muss meine tiefe Unwissenheit in diesen Dingen zugeben. Aber ich bin nur zu begierig, zu erfahren und zu verstehen, was Du Dir unter dem ueberschen Sinn derartiger folgen denkst.

"Ich bin leider nicht in Stande, Dir Alles, was ich hievon weiss, zu sagen. Aber ich will versuchen, dir wenigstens die Elemente klar zu machen. Dazu will ich diesmal um deiner Unwissenheit willen an einem andern Orte beginnen: Du musst nämlich wissen, dass ich, bevor ich mit dem Christentum bekannt wurde, ein Rhetor und Philosoph in der Stadt Alexandria war. Ich hatte einen ziemlichen Zulauf von Studenten, darunter viel

Römer, auch waren einige Barbaren darunter aus Hispanien und Gallien. Ich lehrte sie nicht nur die Geschichte der griechischen Philosophie, sondern auch die neueren Systeme, darunter das System des Philo, den wir den Juden nennen. Er war ein kluger Kopf, aber phantastisch abstract, wie es die Juden zu sein pflegen, und dazu ein Sklave seiner Worte. Ich that dazu von meinem Eigenen und flocht ein ebenbürtiges Wortgespinnst zusammen, indem ich nicht nur meine Hörer sondern auch mich selber fing. Wir schwelgten über in Wörter und Namen, unsern eigenen jämmerlichen Creaturen und legten wir selbst göttliche Potenz zu. Ja wir glaubten an ihre Realität sogar und vermeinten das Göttliche zu besitzen und in Worten festgelegt zu haben."

Aber Philo Judaeus — wenn Du diesen meinst — war doch ein ernsthafter Philosoph und ein grosser Denker und selbst Johannes der Theologe hat es nicht verschmäht, eine Idea des Philo in sein Evangelium herüber zu nehmen.

„Du hast Recht: das ist das Verdienst der Philo, er hat Sprache gemacht, wie so viele andere Philosophen. Er gehört zu den Sprachkünstlern. Aber die Worte sollen nicht zu Götzen werden."

Hier verstehe ich Dich nicht. Klingt es nicht im Evangelium nach Johannes: καὶ ϑεὸς ἦν ὁ λόγος? Mir scheint hier sehr deutlich dieselbe Ansicht ausgesprochen zu sein, welche er Du vorhin verworfen hast.

„Hüte Dich ein Sklave der Worte zu sein. Hier ist das Evangelium des Johannes, lies von jener Stelle an, wo es heißt: ἐν αὐτῷ ζωὴ ἦν. Wie sagt Johannes dort?"

Καὶ ἡ ζωὴ ἦν τὸ φῶς τῶν ἀνθρώπων καὶ τὸ φῶς ἐν τῇ σκοτίᾳ φαίνει καὶ ἡ σκοτία αὐτὸ οὐ κατέλαβεν. ΕΓΕΝΕΤΟ ἌΝΘΡΩΠΟΣ ἈΠΕΣΤΑΛΜΕΝΟΣ ΠΑΡΑ ΘΕΟΥ ΟΝΟΜΑ ΑΥΤΩ ΙΩΑΝΝΗΣ. — — —

„Ich frage Dich, was ist der Logos ein Begriff, ein Wort? Er war ein Licht, ein Menschensohn und hat unter Menschen gewohnt. Du siehst Philo hat dem Johannes nur das Wort und den Begriff geliehen, damit Johannes neben dem Worte φῶς auch noch das Wort λόγος mit seiner besonderen Bedeutung zur Verfügung hätte, um den Menschensohn auszudrücken. Bei Johannes wird die Logosbedeutung dem lebenden Menschen gegeben, bei Philo aber wird dem Logos des Lebens, der göttlich Lebens, dem toten Begriff angemessen. Und darum auch mein abenteuerlicher Irrthum."

Ich sehe jetzt, was Du meinst. Dieser Gedanke ist uns neu und scheint mir der Überlegung besonders werth. Mir schien es bisher immer, als ob gerade dies der Sinn bei Johannes sei, dass der Menschensohn der Logos sei, indem er so das Niedrigere zum höheren Göttlichen zu der Welt des Logos erhebt

„Du führst mich eben darauf, die Sache umgekehrt zu sehen; nämlich, den Johannes die Logosbedeutung zum Menschen hinunter bringen."

„Ich lernte einsehen, dass Johannes gar des grosse philosophische Verdienst hat, die Logosbedeutung zum Menschen hinaufzubringen."

„Du hast merkwürdige Ansichten, die meine Neugier aufs Höchste spannen. Wie ist es, Du denkst, der Menschliche stehe höher als der Logos?"

„Auf diese Frage will ich im Rahmen Deines Begreifens antworten: Wenn das Menschliche Gott nicht über Alles wichtig gewesen wäre, so wäre er wohl als Sohn, nicht im Fleische sondern im Logos offenbar geworden."

„Das leuchtet mir ein, aber ich gestehe, diese Auffassung ist mir überraschend. Es ist mir besonders ~~überraschend~~ erstaunlich, dass Du, ein christlicher Anachoret, zu welchen Ansichten kommen bist. Ich habe solches von einem Anachoreten keineswegs erwartet.

Du machst Dir, wie ich schon bemerkt habe, eine ganz falsche Vorstellung von mir und meinem Leben. Da magst hierin ein kleines Beispiel meiner Beschäftigung sehen. Allein mit dem Umlernen habe ich sehr viele Jahre zugebracht. Hast du auch schon einmal umgelernt? — Nun, dann solltest du wissen, wie lange man dazu braucht. Und ich war ein Lehrer, der in seinem Fache Erfolg hatte. Wie du weißt, lernen solche Leute ungern oder garnicht um. Ihr zweites Wort ist: "Ja, wenn ich noch jünger wäre." Daran magst du ~~seh~~ ermessen, wieviele Zeit das Umlernen allein mir gekostet hat.

Doch ich sehe, die Sonne ist untergegangen. Bald wird es völlige Nacht sein. Die Nacht ist die Zeit des Schweigens. Ich will dir dein Nachtlager anweisen. Den Morgen brauche ich zu meiner Arbeit, aber nach Mittag kannst du wieder zu mir kommen, wenn du willst, ~~und~~ dann wollen wir unser Gespräch fortsetzen.

Er führt mich aus der Hütte heraus. Das Thal ist in tiefblauem Schatten gehüllt. Die Luft ist unbeschreiblich klar. Schon funkeln die ersten Sterne am Himmel. Er biegt um die Ecke eines Felsens. Wir stehen vor einem aegyptischen Felsengrab. Er pilckt mich hinein; nicht weit vom Eingang liegt ein mit Matten gedeckter Haufen von Schilf. Auf einem Steinblock steht ein Krug Wasser, daneben liegen auf einem weissen Tuch getrocknete Datteln und ein schwarzes Brot.

"Hier ist dein Lager und dein Nachtmahl. Schlafe wohl. Vergiss dem Morgengebet nicht, wenn sich die Sonne erhebt."

1. Jan. 1914.
Ich trete ans Werk. Es darf mit Freude geschehen.

———

Ich erwache, der Tag graut im Osten. Eine Nacht, eine wunderliche Nacht in fernsten Tiefen liegt hinter mir. In welchen fernen Räumen war ich? Was träumte mir? Von einem weissen Pferd? Könnt ich's erinnern! Es ist mir, als hätte ich dies einen

Pferd am östlichen Himmel über der aufgehenden Sonne. Dieses Pferd sprach zu mir. Was sagt es?

"Heil dem, der nur Dunkeles ist. Der Tag ist über ihm."

Ach, ich sehe, es sind 4 Pferde, weiss mit goldenen Flügeln, die führen den Sonnenwagen herauf, darauf Helios mit lodernden Haupte. Rechts stand ich unten in der Schlucht, erschreckt und entsetzt und tausend schwarze Schlangen verkrochen sich eilends abwärts in ihre Löcher. Helios stieg donnernd empor in unendliche Höhe zu den weiten Pfaden des Himmels. Ich kniete nieder und hielt meine Hände bittend in die Höhe und rief laut: "Schenk uns dein Licht, Feuerlockiger, Umschlungener, Gekreuzigter und Auferstandener, dein Licht, dein Licht!"

Ja, an diesem Ruf erwachte ich.

Sagte nicht der Anachoret gestern Abend: „Vergiß dein Morgengebet nicht, wenn sich die Sonne erhebt." Ich dachte noch, er bete vielleicht heimlich die Sonne an.

Draußen erhebt sich ein frischer Morgenwind, gelber Sand rieselt in kleinen Adern an den dunkeln Felsen herunter. Der Himmel röthet sich und ich sehe die ersten Strahlen hinaufschießen zum Firmament. Eine feierliche Stille und Einsamkeit ringsum. Dort liegt ein ???? auf einem Stein und harrt der Sonne.

Ich stehe, wie gebannt und erinnere mich mühsam an all das Gestrige und besonders an das, was der Anachoret sagte. Erst ein merkwürdiger Mensch. Wie sagte er doch? daß die Wortfolgen irrsinnig seien, und daß Johannes den Logos zum Menschen hinaufgebracht, zum Menschen hinauf erhöht habe. Das klingt eigentlich nicht christlich. Ist er vielleicht ein Gnostiker? Nein, dieschein

mir unmöglich, denn das wären doch die
schlimmsten Wortgötzenanbeter, wie er wohl
sagen würde.

Die Sonne — — was erfüllt mich
mit so merkwürdigem innerem Jubel? —
Mein Morgengebet soll ich nicht vergessen —
aber wo habe ich mein Morgengebet?

„Liebe Sonne, ich habe kein
Gebet, denn ich weiss nicht, wie man
Dich anrufen muss."

Jetzt habe ich doch zur Sonne
gebetet. Der Anachoret meinte dennoch
wohl, ich solle bei Tagesanbruch zu Gott
beten. Er weiss wohl nicht — wir haben
ja keine Gebete mehr. Wie soll er eine Ahnung haben von unserer Nacktheit und
Armuth? Wo sind denn die Gebete hinge-
kommen? Ich gestehe, hier fehlen sie mir.
Das muss wohl an der Wüste liegen. Hier
scheint es, ~~sollte~~ man beten können. Ist
denn die Wüste so besonders schlimm? Ich
denke jedenfalls nicht schlimmer als die unsre

Culturwüsten, die wir Städte nennen. Aber warum beten wir dort nicht? Offenbar haben wir weder dort noch hier eine Gottheit, zu der wir beten könnten.

Ich muss zur Sonne sehen ☉ — wie — wie wenn sie etwas damit zu thun hätte. Ach uralte Träume der Menschheit. Es scheint, man kann ihnen nie entrinnen.

Was werde ich Ihnen diesen ganzen langen Morgen? Es scheint mir unerträglich lang werden zu wollen. Ich begreife nicht, wie der Einsiedler dieses Leben auch nur ein Jahr lang ausgehalten hat.

Ich gehe am ausgetrockneten Flussbett planlos auf und ab und setze mich schliesslich auf einen Felsblock. Darum stehen ein paar gelbe Gräser. Da kriecht ein kleiner dunkler Käfer und schiebt eine Kugel vor sich her — ein Scarabaeus.

Du liebes kleines Thierchen, bist du noch immer an der Arbeit, deinen schönen

Mythos zu leben? Und wie ernsthaft und unverdrossen erarbeitet! Flötet dir nur eine Ahnung davon, dass du einen alten Mythus auffächerst, so stündest wohl ab von deiner Phantasterei, wie wir Mönche es auch immer mehr aufgeben, Mythologie zu spielen. Das Unwirkliche wird einem nachgerade zum Ekel. — Es klingt zwar an diesem Ort sehr merkwürdig, was ich sage, und der gute Einsiedler wäre gewiss nicht damit einverstanden. Was mache ich denn eigentlich hier? Nein, ich will nicht vorsorglich urteilen, denn ich habe noch nicht einmal wirklich verstanden, was er eigentlich meint. Er hat ein Recht, gehört zu werden. Übrigens dachte ich gestern anders, ich war ihm sogar sehr dankbar, dass er mich belehren wollte. Ich mache mich wieder einmal zweifelnd und stelle mich kritisch und skeptisch — ich bin also auf dem besten Weg, nichts zu lernen. Seine Ideen sind gar nicht so übel — nein sie sind sogar gut. Ich weiss nicht, warum ich die Tendenz habe, den Mann herunterzusetzen. Vielleicht habe ich noch allerhand Unbequemes einzusehen?

„Lieber Käfer, wo bist du hin, ich sehe dich nicht mehr!?" — Oh, dort drüben hast Duchen mit deiner mythischen Kugel! Diese Thierchen bleiben doch ganz anders bei der Sache, wie wir — kein Zweifeln, kein Umfallen, keine Zögerung. Kommt das wohl daher, dass sie ihren Mythus leben?

„Lieber Scarabaeus, Petrschen, ich verehre dich, gesegnet sei deine Arbeit —. in Ewigkeit, Amen."

Was rede ich für Unsinn? Ich hätte jedem Thier an ~~liegt~~ das uns an der Wüste liegen, sie scheint Gebete unbedingt zu fordern.

Wie schön es hier ist! die röthliche Farbe der Sterne ist prachtvoll, ~~von~~ sie scheinen die Gluth von hunderttausendjah-

gangenen Sonnenwerks — diese Sandkörnchen rollten in übersagenhaften Uranceren, über sie hin ahwarmen und schlängelten sich Ungeheuer von nie erschauter Formen. Wo warst du, Mensch, in jenen Tagen? Auf diesem warmen Sande lagen, an- geschmiegt an die Kinder einer Mutter, dem kindhaften Urthieralmen -

Oh Mutter Stein, ich liebe Dich, an Deinen warmen Körper ge- schmiegt, liege ich, dein spätes Kind. Gesegnet seiest Du, uralte Mutter, Dein ist mein Herz und alle Herrlichkeit und Kraft. Amen. Amen.

Was rede ich? Das muss die Wüste sein, solch wunderliche Dinge kommen mir sonst nie zu Sinn -

Wie erscheint mir Alles so belebt! Dieser Ort ist wahrlich ungeheuerlich. Diese Steine — und das Steine — sie sind ja alle individuell und gehören doch zusammkaumen. Sie scheinen sich hier mit Überlegung zusammengefunden zu haben. Sie sind hier aufgereiht wie ein Heerzug, der das Thal hinunter zieht. Sie haben sich harmonisch abgestuft. Grosse gehen einzeln, die Kleinen füllen die Lücken und sammeln sich zu einer ganzen Schaar, die einem grossen Voraus-marschiert. Hier scheinen die Steine # wohl geordnete Armeen und Staten zu bilden.

Träume ich oder wache ich? Es ist hius. Die Sonne steht ja schon hoch — wie eilen die Stunden! Wahrhaftig dieser Morgen ist schon vorüber — und was für ein erstaunlicher Morgen! Ist es die Sonne, oder ist es dies merkwürdige belebte Flussbett, oder ist es die Würde, von der mir der Kopf summt?

Ich gehe thalaufwärts und bei einer Biegung des Thales stehe ich vor der Hütte der Anachoreten. Er sitzt an seiner Matte mit gefalteten Händen, in tiefes Sinnen verloren.

„Mein Vater," sage ich leise, hier hinzu-

„Wie hast du deinen Morgen zugebracht?"

Ich wunderte mich gestern, als du sagtest, die Zeit vergehe dir rasch. Ich frage Dich nicht mehr. Ich habe viel gelernt. Aber nicht soviel, dass du mir nicht ein noch grösseres Rätsel bist als vorher — Was musst du erleben in der Wüste, wunderbarer Mann! Zu Dir müssen die Steine sogar sprechen.

„Ich bin froh, dass du Etwas vom Leben der Anachoreten eben gelernt hast. Das wird unsere schwere Aufgabe erleichtern. Ich will mich nicht in deine Geheimnisse eindrängen, aber ich fühle, dass du aus einer fremden Welt kommst, die mit unserer Welt nichts zu thun hat."

Du sprichst die Wahrheit. Ich bin hier ein Fremdling, fremder als Nije einen gesehen hast. Selbst ein Mann von Britaniens fernster Küste stünde dir näher als ich. Habe darum Geduld, Meister, und lass mich an der Quelle deiner Weisheit trinken. Obgleich uns röstende Wärme umgiebt, strömt hier in ein unsichtbarer Strom lebendigen Wesens.

„Hast Du dein Gebet verrichtet?"

Meister, vergieb, ich habe gemacht. Aber ich fand kein Gebet. Aber ich träumte, daß ich zur aufgehenden Sonne betete.

„Bekümmere dich nicht deshalb. Wenn du keine Worte fandest, so hat doch deine Seele unaussprechliche Worte gefunden, den aufgehenden Tag zu begrüßen."

Aber es wäre ein heidnisches Gebet zu Helios.

„Laß dir daran genügen."

Aber ich habe, oh Meister, nicht nur im Traum zur Sonne, sondern in meiner Selbstvergessenheit auch zum Scarabaeus und zur Erde gebetet.

„Wundere dich über nichts, und auf keinen Fall verurteile oder beklage es. Laß uns an die Arbeit gehen. Möchtest du etwas fragen über unser gestriges Gespräch?"

Ich unterbrach dich gestern, als du von Philo sprachst. Du wolltest mir erklären, was er unter dem vielfachen Sinn der Wortfolgen versteht.

» Nun will ich dir weiter erzählen, wie ich aus der schrecklichen Umschnürung des Wortgepränges befreit wurde. Es kam einmal ein Freigelassener meines Vaters zu mir, der mir seit meiner Kindheit zugethan war und sprach zu mir:

Ah, Ammonius (so ist mein Name) geht es dir gut?

Gewiss, sagte ich, du siehst, ich bin gelehrt und habe grossen Erfolg.

Scheint es, bist du glücklich und lebst du? sagte darauf der Alte.

Ich lachte: Du siehst ja, dass alles gut steht.

Darauf der Alte: Ich sah, wie du Vorlesung hieltest. Du scheinst besorgt um das Urtheil deiner Zuhörer; du flochtest gutgewählte Scherze ein, um den Studenten zu gefallen; du häuftest gelehrte Redensarten, um ihnen zu imponieren.

Du wärest unruhig und hastig, wie wenn du nicht
alles Wünschen dich zu raffinieren hättest. Du bist
nicht in dir selber."

Obschon mir diese Worte zuerst lächerlich
vorkamen, so machten sie mir doch Eindruck, und
ich gab dem Alten Recht, weil er Recht hatte.

Da sagte er: „Lieber Ammonius, ich
habe dir eine köstliche Kunde: Gott ist in
seinem Sohne Fleisch geworden und hat uns
allen Erlösung gebracht."

„Was sprichst du," rief ich, „du meinst
wohl Osiris, der in sterblichen Leibe erscheinen
soll?"

„Nein," sagte er darauf, „dieser Mann
lebte in Judaea. Er ist von einer Jungfrau ge-
boren."

Ich lachte und antwortete: „Ich weiss,
übrigens jüdischer Krämer hat die Kunde von
unserer Jungfrauenkönigin, deren Bild des Tor an
der Wand des Tempels in Luxor ist, nach Judäa
gebracht und dort als Märchen erzählt."

„Nein, er war der Sohn Gottes," sagte der Alte.
„Dann meinst du wohl Horus, den Sohn des
Osiris?"

„Nein, er war nicht Horus, sondern ein wirklicher Mensch. Er wurde an einem Kreuz aufgehängt."

„Dann war er wohl Set, denn unsere Alten so dargestellt haben."

„Erst gestorben und am dritten Tag auferstanden."

„Nun, dann ist er doch Osiris."

~~Nun, dann ist er doch Osiris~~
Nein, er hieß Jesus Christus.

„Ach Du meinst bloß diesen jüdischen Gott, den die gemeinen Leute am Hafen verehren."

„Nein, er war ein Mensch und doch Gottes Sohn."

„Das ist ein Unsinn, lieber Alter," sagte ich abweisend und schob ihn zur Thüre hinaus. Aber wie ein Echo an fernen Felswänden wiederholten sich die Worte in mir: „ein Mensch und doch Gottes Sohn —". Das hieß ein bedeutsam und dies Wort war × es, das mich zum Christenthum gebracht hat.

„Aber denkst Du nicht, daß das Christen-

Ihnen vielleicht Schmer eine jüdische Umgestaltung einer aegyptischen Ideen sein könnte?"

„Wenn du sagst, daß unsere alten aegyptischen Vorstellungen weniger treffende Ausdrücke für das Christenthum wären, dem stimme ich dir schon eher zu."

„Ja aber nimmst du denn an, auf [...] der die Geschichte der Religionen [...] Endzeit gerichtet sein?"

„Mein Vater kaufte einmal auf dem Markt einen schwarzen Sklaven aus der Gegend der Nilquellen. Er kam aus einem Lande, das weder von Osiris noch je von Christus gehört hat und er erzählte uns Dinge, die in einer einfachern Symbolsprache desselben sagten, was wir von Osiris glauben. Ich habe daraus gelernt, daß jene ungebildeten Neger unbewusst schon das Meiste besaßen, was die Religionen gebildeter Völker zum System herausgebildet hatten. Wer also jene Symbolsprache richtig gelesen verstünde, der könnte darin, die Religion des Osiris sowohl wie auch das Evangelium Christi lesen. Und das ist es, womit ich mich jetzt beschäftige: ich lese das Evangelium und suche seinen kommenden Sinn. Seine Bedeutung der Vergangenheit kennen wir, soweit wir die Religionen der Vergangenheit kennen. Es ist ein weltlicher Irrthum, zu glauben, daß die Religion immer ihrem Wesen verschieden sei. Es ist immer dieselbe Religion im Grunde genommen. Jede nachfolgende Religionsform ist der Sinn der vorausgehenden."

"Und hast du die kommende Bedeutung herausgefunden?"

"Nein, es ist schwierig, aber ich hoffe, es werde gelingen. Bisweilen will es mir scheinen, als hätte ich die Anregung von Andern nöthig. Aber das sind Versuchungen des Satans, ich weiss."

"Glaubst du nicht doch, daß dies Werk ihm gelingen könnte, wenn du näher bei Menschen wärest?"

"Du hast vielleicht recht (Er schaut mich zweifelnd und misstrauisch an), aber die liebe die Wüste — verstehst du — diese gelbe, sonnenglühende Wüste. Hier siehst du alltäglich das Antlitz der Sonne, hier bist du allein, hier siehst du alltäglich Helios — nein, das ist heidnisch — ich bin verwirrt — du bist Satanas — ach erkenne dich — weiche von mir, Widersacher!"

Es springt wie rasend auf und will sich auf mich stürzen.

Ich bin aber weit weg im zwanzigsten Jahrhundert und ich fühle den vielfach schillernden Geist des Lebens in der Maske des Tages und ⸺ in der Maske der Nacht, rauschend wie Sturm und sanft wie ein Lüftchen, hart wie blauer Stahl und weich wie Flaum, nahe mir, in mir.

Vielfarbige Zwischenwelt, sind deine Räume weit genug, dass das Leben ~~in endlich~~ in der ~~endlos~~ Wohnung finden kann?

———————————

2 Jan. 1914.

Ich strebe ~~einer~~ Niederungen zu, wo die Ströme matten Laufes in breiten Spiegeln aufleuchtend dem Meere sich nähern, wo alle Hast des Fliessens sich mehr und mehr dämpft, und wo alle Kraft und alles Streben sich dem unnennbaren Umfang des Meeres vermählt. Spärlicher werden die Bäume, weite Sumpfwiesen begleiten die stillen trüben Wasser, unendlich uneinsam ist der Horizont, von grauen Wolken umhangen. Langsam, mit ver⸺

hattenen Atem, mit der grossen bangen Erwartung dessen der wild herabschäumt und sich bat in das Endlose verströmt hat, folge ich meinem Bruder, dem Wasser. Kein, kaum merklich ist sein Fliessen und doch nähern wir uns stetig der seligen und höchsten Umarmung, um einzugehen in den Schoss des Ursprungs, in die grenzenlose Ausdehnung und unermessbare Tiefe. Dort tauchen to niedere langgestreckte gelbe Hügel auf, schwarzgrünes Buschwerk fleckt sie. Ein toter weiter See dehnt sich an ihrem Fusse. An ihnen entlang wandern wir leise und die Hügel öffnen sich zu einem dämmerhaften unfassbar fernen Horizont, wo Himmel und Meer zu einer Unendlichkeit verschmolzen sind.

Dort oben auf der letzten Düne steht Einer — er trägt einen schwarzen faltigen Mantel. Er steht bewegungslos und

schaut in die Ferne. Ich trete zu ihm hin:
Er ist blass und mager und ein letzter Ernst
liegt in seinen Zügen. Ich rede ihn an:

„Lass mich eine Weile bei Dir stehen,
Dunkler. Ich kannte Dich von Weitem. So
steht nur Einer, wie Du, so einsam und
auf der letzten Ecke der Erde."

„Fremder, wohl magst Du bei
mir stehen, wenn es Dich nicht friert.
Du siehst, ich bin kalt und ein Herz
schlug mir noch nie."

Ich weiss, Du bist Eis und
Erde. Du bist die kalte Ruhe des Steines,
Du bist der höchste Schnee der
Gebirge und der äusserste Frost des leeren
Weltraums. Das nur ich fühlen und
darum will ich nahe bei Dir stehen.

„Was führt dich her zu mir? du
lebender Stoff? Lebende sind hier nie zu
Gast. Wohl kommen sie alle hier in
dichten Schaaren schwarz und trauerum-
flort vorbeigeflossen, alle die dort

oben im Lande des lichten Tages des Abschiednehmens, um nie wiederzukehren. Aber Lebende kommen nie! Was suchst Du hier?"

Mein seltsam unerwarteter Pfad führte mich hier herunter, als ich hoffnungsfroh dem Pfade des Lebensstromes folgte. Und da fand ich Dich. Hier stehst du wohl an Deinem und am rechten Orte?"

"Ja, hier gehts hinaus ins Ununterscheidbare, wo keiner dem andern gleich, sondern alle miteinander Eins sind. Siehst du dort, was jetzt herankommt?"

Ich sehe etwas wie eine dunkle Nebelwand, die auf dem Strom langsam daherschwimmt.

"Sieh genauer hin, was erkennst du?"

Ich sehe, es sind dichtgedrängte Heerhaufen von Menschen, Greise, Männer und Frauen und ungezählte Kinder. Da zurücken, über ich Pferde, Rinder und kleineres Gethier, eine Wolke von Insecten umschwärmt das Heer — ein Wald schwimmt heran — welke Blumen ohne Zahl — ein ganzer todter Sommer. Jetzt sind sie schon nahe — wie starr und kühl sie alle Alle blicken — ihre Füsse bewegen sie nicht — kein Laut ertönt aus ihrem Nichtgeschlossenen Ruhen — sie halten sich starr bei den Händen und Armen — sie sehen alle hinaus und achten unser nicht — sie fliessen alle vorbei in ungeheurem Strome —

Orakler, dises Gesicht ist schrecklich.

„ Du wolltest bei mir stehen. Fasse Dich." „ Aber jetzt sie hin! "

Ich sehe, die gedachten Ruhen sind hinausgelangt bis dahin, wo die Brandungswogenach mächtig mit den Wassern des Stromes mischt. Und er sieht aus, wie wenn

eine Luftwoge mit dem Meere brausend
dem Strome der Toten entgegenschlüge.
Hochwirbeln sie auf, in schwarze Fetzen
zerflatternd und in trüben Nebelwolken
sich auflösend. Woge nach Woge braust
heran und immer neue Schaaren
zergehen in trübe Luft.

Dunkler, sage mir, ist dies das
Ende?

„Schaue."

Das dunkle Meer brandet
schwer — ein röthlicher Schein breitet
sich darin aus — es ist wie Blut —
ein Meer von Blut schäumt uns zu
Füssen — die Tiefe des Meeres erglüht —
wie seltsam wird mir zu Muthe — hänge
ich mit den Füssen in der Luft? — Ist
es das Meer oder ist es der Himmel?
Ein Ball von Blut und Feuer
mischt sich zusammen — rothes Licht

bricht aus seiner qualmenden Hülle – eine neue Sonne entringt sich feurig dem blutenden Meere und rollt aufglühend der tiefsten Tiefe zu – hi verschwindet unter meinen Füssen."

Ich schaue um mich, ich bin allein. Es ist Nacht geworden. Wie sagte Harmonius? Die Nacht ist die Zeit des Schweigens.

5 I 1914.

Wir Luzifer des Lichtes. Lichter haben wir genug – Urlichter – aber zu wenig Licht.

Wie dunkel unser Menschenpfad ist, wenn er in der neuen Welt, der Zwischenwelt anlangt! Über uns hinaus ist grenzenloses Dunkel. Wo ist ein „Übermenschsein"? Wohl tiefer in uns selbst.

Ich he weite Wiesen mit hohem Gras – ~~und einen~~ Teppich von Blumen – ~~sanfte~~ Hügel. – in der Ferne Gehölz. Wir begegnen zwei sonderbare Gesellen – wohl nur zufällige Weggefährten; ein alter Mönch und ein lang aufgeschossener magerer Mensch mit auffallend kindlichen Gang und einer merkwürdig verfärbten rothen Kleidung. Sie scheinen sich eifrig zu unterhalten. Wie sie näher kommen, erkenne ich in langen den rothen Ritter – wie hat auch verändert! – er ist gealtert, sein rothes Haar ist grau geworden, sein feurig rothes Kleid verschlissen, schäbig – er macht einen ärmlichen Eindruck. Aber der Andere? Er hat einen behaglichen Bauch und scheint keine schlimmen Tage gehabt zu haben. Sein Gesicht kam mir aber bekannt vor. – Es ist der Anachoret. Was sind das für Veränderungen! Und wo kommen diese getrennten Leute her?

Ich trete auf sie zu und beginne sie. Beide sehen mich erschreckt an und schlagen das Kreuz. Ich schaue betroffen an mir herunter. Ich bin ganz in grüne Blätter gehüllt, die aus meinem Gewande oder Körper hervorzuspriessen scheinen. Dann beginne ich zu lachen ein zweites Mal. Der Mönch ruft: "Apage Satanas" — der Rothe: "verfluchtes heidnisches Waldgesindel" —

Ich: "Aber meine lieben Freunde, was fällt euch ein? Ich bin ja der hyperboraeische Freund, der dich Mönch, in der libyschen Wüste besucht hat und ich bin der Thurmwart, den Du, Rother, einmal heimgesucht hast.

M. "Scheere Dich, obster der Teufel. mit dir hat mein Niedergang angefangen". Der Rothe schaut ihn vorwurfsvoll an und giebt ihm einen Rippenstoss. Der Mönch hält etwas betreten inne. Jetzt sagt der Rothe hochmüthig zu mir:

„Ebensowenig machtest du mir trotz dem heuchlerischen Ernsthaftigkeit einen sonderlichen Eindruck von Gesinnungslosigkeit. Deine verdammte christliche Pose —" jetzt giebt ihm der Mönch einen kräftigen Rippenstoss, und der Rothe schweigt verlegen.

So stehen Beide vor mir, verlegen und komisch, doch auch bedauernswerth.

Ich: „Mann Gottes, woher des Weges? Welches unerhörte Schicksal führt dich hierher und wie erst noch in die Gesellschaft des Rothen?"

M.: „Ich liebe es nicht mit Dir zu sprechen. Aber es scheint eine Fügung Gottes zu sein, der man sich nicht entziehen kann. So wisse denn, dass du, böser Geist, an mir ein schreckliches Werk gethan hast. Du verführtest mich mit deiner verfluchten Neugier, begehrerisch ~~nach~~ meine Hand nach den göttlichen Geheimnissen auszustrecken, denn du machtest mir niemals bewusst, dass ich eigentlich darüber nichts wusste. — Deine

Bemerkung, ich bedürfe wohl der Mühe der Menschen, um zu den höhern Geheimnissen zu gelangen, betäubte mich mit köstlichem Gift. Ich rief bald hernach die übrigen Brüder im Thale zusammen und verkündigte ihnen, ein Bote Gottes sei mir erschienen — so heillos hat Mensch verblendet — und habe mir befohlen, mit den Brüdern ein Kloster zu gründen. Als Bruder Philetus Einspruch erhob, widerlegte ich ihn unter Anrufung auf jene Stelle der hl. Schrift, wo es heißt, es sei nicht gut, daß der Mensch allein sei. So gründeten wir das Kloster — nahe am Nil, wo wir die Schiffe konnten vorbei fahren sehen. Wir bebauten fette Felder und es gab so viel zu thun, daß die heiligen Studien darob in Vergessenheit geriethen. Wir wurden üppig und eines Tages befiel mich ungeheure Sehnsucht, Alexandria wieder zu sehen. Ich wollte den Bischof dort besuchen. Aber da zuerst das Leben auf dem Schiffe, und dann das Straßengewühl von Alexandria berauschten mich derart, dass ich mich ganz verlor. Wie im Traum bestieg ich eines der grossen Schiffe, die nach Italia fahren; mich befiel unersättliche Gier, die weite Welt zu sehen, ich trank Wein, schwelgte in Genüssen und verflachte völlig. Als ich in Neapel an Land stieg, da stand der Rothe da und ich sah, dass ich in die Hände des Bösen gefallen war. —

„Schweige, alter Narr", fällt ihm der Rothe ins Wort. „Wenn ich nicht gewesen wäre, so wärest du gänzlich zum Schwein geworden. Als ich zurück kehrte, hast du dich endlich zusammengenommen und das Saufen und die Weiber verwünscht und bist wieder ins Kloster gegangen.

Nun höre meine Geschichte, verfluchter heidnischer Weltvertrat. Ebbe dir ins Garn gegangen, deine Hinterkünste haben mich verlockt. Nach dem damaligen Gespräch, wo du mich mit deiner Bemerkung über das

Tanzen mir Fuchseisen gefangen hart, gaukelte es mir, dass scherzhaft wurde, so ernsthaft, dass ich ins Kloster gieng, betete, fastete und mich bekehrte. In meiner Verblendung wollte ich den Kirchendienst reformieren und führte das Tanzen mit bischöflicher Approbation ins Ritual ein. Ihr war Abt geworden und hatte allem der Kult vor dem Altar zu tanzen wie David vor der Bundeslade. Nach und nach fingen ebenserunde Brüder anzutanzen, ja die Gemeinde sogar und schliesslich tanzte die ganze Stadt. Es war fürchterlich. Ich floh in die Einsamkeit und tanzte den ganzen Tag bis zur Erschöpfung. Ich nichts mir selber zu entfliehen und wanderte des Nachts, am Tage hielt ich mich verborgen und tanzte allein in den Wäldern und in wüsten Gebirgen. So wanderte schellmässig durch ganz Italien, bis ich nach dem Süden gelangte. Dort fiel ich nicht mehr so auf wie im Norden und konnte mich unters Volk mischen. In Neapel war fand ich mich wieder

einigermassen zurecht und dort traf ich
euch Neuverlumpten Mann Gottes. Sein
Anblick stärkt mich. An ihm konnte ich
gesunden. Du hörtest, dass er auch an mir
sich aufrichten und wieder auf den rechten Weg
gelangen konnte.

M. Ich muss gestehen, so recht nicht
hat mir der Rotter nicht gefallen. Er
ist eine Art abgemilderten Teufels.

R. Auch ich muss gestehen, dass mein
Mönch von wenig fanatischer Art ist. Obschon
ich mit meinen Erlebnissen im Kloster einen
tiefen Widerwillen gegen die ganze christliche
Religion bekommen habe.

Ich: Liebe Freunde, es freut mich
von Herzen euch so vergnügt beisammen
zu sehen.

Brick: Wir sind nicht vergnügt, Spötter
und Widersacher! Gieb den Weg frei, Räuber, Hund

Ich. Aber warum fahrt ihr denn zusammen über Land, wenn ihr nicht Freu-

nid?
   Bude nebeneinander an, demnach der
M.: Was ist da zu thun? Auch der Teufel
   ist nöthig, sonst flöst man den Leuten
   keinen Respect ein.
R.: Es ist halt nothwendig, dass ich
   mit dem Clerus praktiere, sonst ver-
   liere ich meine Kundschaft.

Ich: Also hat euch die Noth des Lebens
   zusammengeführt! So gebt doch Frieden
   und vertragt euch zusammen.
Bude: Das können wir nicht.
Ich: Oh, ich sehe es liegt am System.
   Ihr wollt wohl erst aussterben? Jetzt
   gebt uns den Weg frei, # alte Gespenster!

8.I.14.
       Der Weg des Lebens führt weiter hinaus
selbst über die Gesetze hinaus, die heilig waren.
Der Weg ist einsam und voll heimlicher
Qual.

Hinter mir liegen die Gefilde der Jugend, der satten frohen Matten, der sanften Hügel und der frühlingsgrünen Wälder.

Ein wüstes Felsengebirge versperrt meinen Weg. Eine enge Thalschlucht nur gewährt mir Einlass. Der Weg ist schmal zwischen steilen Felswänden. Meine Füsse sind nackt und verwunden sich an den zackigen Felsen.

Hier wird der Pfad glatt, die eine Seite des Weges ist weiss, die andere schwarz. Ich betrete die schwarze Seite und pralle entsetzt zurück — es ist heiss Eisen. Ich trete auf das Weisse — es ist Eis. Aber es muss sein. Ich laufe so schnell wie möglich, bald auf dem heissen Eisen, bald auf dem kalten Eis, und endlich weitet sich das Thal zu einem mächtigen Felsenkessel.

Ein schmaler Weg führt an beinah senkrechten Felsen in die Höhe nach einem Passe. Wie ich nach dem Passe nähere tönt oder dröhnt vielmehr etwas von der andern Seite des Berges wie Erz. Der Schall kommt näher und schwillt mächtig an. Es dröhnt von ferne wie hundert Schmiedehämmer und der Schall wiederhallt an den Bergen vielfach und gewaltig. Wie ich den Paß erreiche, sehe ich auf der andern Seite einen riesenhaften Menschen nich nahen. Aus seinem mächtigen Haupt ragen zwei Stierhörner, ein klirrender schwarzer Panzer bedeckt seinen Oberkörper. Sein Bart ist schwarz gekräuselt und quadratförmig. Seine nackten Beine sind mit schwarzen zottigen Haaren bedeckt. In der Hand trägt der Riese eine mit Silber eingelegte schwarze eiserne Streitaxt.

Ehe ich mich von meinem Staunen

zeug erholt habe, stellt der Gewaltige
vor mir und dreht mir sein Gesicht — es
ist blass und gelblich, tiefe Furchen
durchziehen es. Unverwandt blicken
seine grossen mandelförmigen schwarzen
Augen auf mich.

Mich fasst ein Grauen, — das
ist Izdubar — der Gewaltige — der
Stiermensch. Er steht und schaut auf
mir. Sein Gesicht spricht von — ver-
zehrender innerer Angst — seine Hände,
seine Knie zittern.

Wie, er, der Gewaltige, zittert?
Er fürchtet sich?

Ich rufe ihn an: „Oh Izdubar,
Gewaltigster, schone mein Leben und
vergib, dass ich Wurm mich auf Deinen
Weg gehabt habe.

Jd. Mich verlangt nicht nach dein
Leben, Fremdling. Woher kommst d[u]

„Ich komme von Westen".

Zd. Kommst Du von Westen? Weisst
Du vom Westlande? Ist dies der rechte
Weg zum Westlande?

1. Ich komme aus einem westlichen Lande,
dessen Grenzen das grosse westliche
Meer bespült.

Zd. Sinkt in jenem Meer die Sonne?
Oder berührt sie in ihrem Niedergange
das ferste Land?

1. Die Sonne sinkt weit hinter dem Meere.

Zd. Hinter dem Meere? Was ist dort?

1. Dort ist nichts, leerer Raum. Die
Erde ist ja rund und dreht sich über-
dies um die Sonne herum.

Zd. Verfluchter, von wannen kommt
dir solche Wissenschaft? So giebt es

nirgends jenes unsterbliche Land, wo die Sonne eingeht zur Wiedergeburt? Sprichst du Wahrheit?

Seine Augen flackern von Wuth und Angst. Er tritt einen gewaltigen dröhnenden Schritt näher. Scherzittere.

J. Oh Izdubar, Mächtigster, verzeihe meinem Vorwitz. Aber ich spreche wirklich die Wahrheit. Ich komme aus einem Lande, wo dies sichere Wissenschaft ist, und wo die Leute wohnen, die mit ihren Schiffen rundum die Erde herumfahren. Unsere Gelehrten wissen durch Messung genau, wie weit die Sonne von jedem Punkte der Erdoberfläche entfernt ist. Sie ist ein Himmelskörper, der unsagbar weit draussen im unendlichen Weltraum liegt.

Jz. Unendlich sagst du? Ist der Weltraum unendlich? Und wir können wie zur Sonne gelangen?

P. Mächtigster, insofern du sterblicher Art bist, kannst du nie zur Sonne gelangen.

Ixhsche, ihn befällt erstickende Angst.

Ig. Ich bin sterblich — und ich soll nie zur Sonne, zur Unsterblichkeit gelangen können?!

Er zerschmettert seine Axt mit schrillklingendem wuchtigen Schlag an Felsen.

Ig. Fahr hin, elende Waffe, du taugst nicht. Was solltest du taugen gegen die Unendlichkeit, gegen das ewig Leere und Unausfüllbare? Du hast Niemand mehr zu bezwingen. Zerschmettere dichselbst. —

— Was lohnt es? —

Im Westen sinkt die Sonne blutig

roth in den schooss erglühender Wolken.

Jd. "Da fährst du hin, Sonne, dreimalverfluchter Gott, und leuchtst dich in deine Unendlichkeit –"

Er rafft die zersprungenen Stücke seiner Axt vom Boden auf und wirft sie nach der Sonne.

" Hier hast du dein Opfer, dein letztes Opfer, gierig würgender Drache."

Jd. bricht zusammen und weint wie ein Kind.

I. stehe erschüttert und vermag mich kaum zu rühren.

Jd. stöhnend: Elender Wurm, wo sagst du dies Licht?

I. Oh Jdebar, Gewaltiger, das ist die Wissenschaft, was du Licht nennst. In unserm Lande werden wir

damit von Jugend auf genährt und deswegen Grundfesten sein, die uns nicht
recht gedeihen und so zwerghaft klein
bleiben. Wenn ich Dich sehe, so kommt
es mir allerdings vor, als ob wir alle vergiftet seien.

Jd. Kein Starker fällte mich je, kein
Ungeheuer widerstand meiner Kraft. Aber
dein Gift, Werwin, der du auf meinen
Wege legst, hat mich im Marke gelähmt. Dein Giftzauber ist mächtiger
als der Her Tiâmats.

Er liegt wie gelähmt lang ausgestreckt am Boden.

Jd. Ihr Götter helft, hier liegt
euer Sohn, gefällt vom Fersenstich
der unsichtbaren Schlange. Oh hätt
ich dich zertreten, ob ich dich sah
und kein Wort mir gehört!

?. O Zarathustra, großer Bemitleidenswerther! Hätte ich gewusst, dass meine Wissenschaft dich heilen könnte, ich hätte meinen Mund verschlossen vor dir. Aber ich wollte dir die Wahrheit sagen. —

Zd. Du nennst es Wahrheit? Ist Wahrheit Gift? Sagen nicht unsere Studenten und Priester auch die Wahrheit? Und doch wirkt sie nichts wie Gift.

?. O Zarathustra, die Nacht bricht an und hier auf der Höhe wird es ~~kühl~~ kalt. Soll ich nicht Hilfe für dich holen bei den Menschen im Thale?

Zd. Lass es sein. Gib mir lieber Antwort.

?. Aber wir können hier doch nicht philosophiren. Dir Beklagenswerthem zu Stande ~~erbracht~~ Hilfe.

Zd. Ich sage dir, lass es sein. Wenn ich die Nacht verenden soll, so soll es sein. Jetzt gieb Antwort.

J. Ich fürchte meine Worte sind schwach, wenn sie heilen sollen. Ihre zerstörende Kraft scheint mir grösser zu sein.

Jd. Schlimmeres können sie nicht bewirken. Das Unheil ist schon geschehen. Also sage, was du weisst. Vielleicht hast du ein magisches Wort, welches des Lichts Leid.

J. Meine Worte, oh Zauberer, sind arm und haben keine magische Gewalt.

Jd. Gleichviel, sprich!

J. Ich weiss nicht, dass eure Priester die Wahrheit sagen. Es ist gewiss eine Wahrheit, nur lautet sie anders als unsere Wahrheit.

Jd. Giebt es denn zweierlei Wahrheit?

J. Mir scheint, es sei so. Unsere Wahrheit ist die, die uns aus der Kenntniss der äussern Dinge zuströmt. Die Wahrheit eurer Priester ist die, die ihnen aus den innern Dingen des menschlichen Geists zuströmt.

Jd. ich halbaufrichtem: Das war ein gutes und hilfsames Wort.

J. Ich bin glücklich, dass mein schwaches Wort dir Erleichterung gebracht hat. Oh wüsste ich noch viele solche Worte, die dir helfen könnten!

Doch es wird kalt und dunkel. Ich will Feuer machen, um Dich und mich zu wärmen.

Jd. Thue das. Diese Handlung bringt vielleicht Hilfe.

X. Ich suche Holz zusammen und entzünde ein grosses Feuer.

Jd. Das heilige Feuer wärmt mich. Doch sage mir, wie machst du so rasch und so geheimnissvoll Feuer?

J. Dazu brauche ich ganz einfach Zündhölzer. Siehst du, es sind kleine Hölzchen mit einem chemischen Stoffe an der Spitze. Man reibt sie an der Schachtel und man hat Feuer.

Ich mache dir Proben ein paar Melodien.

Zd. Das ist erstaunlich. Wo hast du dies Kunst gelernt?

J. In unserm Landehst Jedermann Tuch-höher. Das ist aber das Geringste. Wir können auch fliegen mit Hilfe von sinn-reichen Maschinen.

Zd. Ihr könnt fliegen wie die Vögel? Wenn nicht dein Wort so mächtigen Zauber enthielte, so würde ich sagen, du lügst.

J. Ich lüge gewiss nicht. Siehst du, hier habe ich z. B. eine Uhr, welche ganz genau die Stunden des Tages und der Nacht zeigt.

Zd. Das ist wunderbar. Ich sehe, du kommst aus einem seltsamen herrlichen Lande. Gewiss kommst du aus dem seligen Westland? Bist du unsterblich?

J. Ich — unsterblich? Nein, wir sind ganz

gewöhnliche sterbliche Menschen.

Jd. enttäuscht: Was, ihr seid nicht einmal unsterblich und versteht solche Künste?

J. Leider ist es unserer Wissenschaft noch nicht geglückt, ein Mittel gegen das Sterben zu finden.

Jd. Wer hat euch denn solche Kunst gelehrt?

J. Im Laufe der Jahrhunderte haben die Menschen viele Erfindungen gemacht durch eine genaue Beobachtung und Wissenschaft der äußeren Dinge.

Jd. Aber diese Wissenschaft ist doch der hilflose Zauber, der mich gelähmt hat. Wie ist es möglich, dass ihr noch am Leben seid, wenn ihr täglich von diesem Gift genießt?

J. Man hat sich mit der Zeit daran gewöhnt, wie sich der Mensch an Alles gewöhnt. Ja etwas gelähmt sind wir schon. Immerhin

gewährt. Die Wissenschaft auf der andern
Seite arikt grosse Vortheile, wie du gesehen hast.
Was wir an Kraft verloren haben, gewinnen
wir vielfach wieder durch die Beherrschung
der Naturkräfte.

Zd. Ist er nicht jämmerlich so gelähmt
zu sein? Ich für meinen Theil ziehe
meine eigene Kraft den Naturkräften vor.
Ich überlasse die geheimen Kräfte, den
feigen Zauberkünstlern und weibischen
Magiern. Wenn ein ich Einem den Schädel
zu Brei zerschlagen habe, hört auch sein
elender Zauber auf.

J. Aber du siehst doch, wie die Berührung
mit unserm Zauber auf dich gewirkt hat.
Ich denke — schrecklich.

Zd. Leider hast du recht.

J. Nun, siehst du, wir hatten keine Wahl.
Wir müssen das Gift der Wissenschaft schlucken.
Sonst ergeht es uns wie die — wir werden gänz-
lich gelähmt, wenn wir ahnungslos den Kampf

Zusammentreffen. Und dieses Gift ist so unüberwindlich stark, dass Jeder, auch der Stärkste, selbst die ewigen Götter, daran zu Grunde gehen. Wenn uns unser Leben lieb ist, so opfern wir lieber ein Stück unserer Lebenskraft, als dass wir uns dem sichern Tode ~~entgegensetzen~~ aussetzen.

Jch. Ich denke nicht mehr, dass Neues dem jetzigen Wertland kommt. Dies Land muss öde sein, voll Lähmung und Verzicht. Ich sehne mich zurück nach dem Osten, wo die lautere Quelle unserer lebenspendenden Wahrheit der inneren Dinge fliesst. Doch ich kann nicht mehr, meine Beine tragen mich nicht.

Seine Beine sind wie verdorrt, aber seine Arme sind kräftig und gesund. Was ist da zu thun?

Wir sitzen schweigend am flackern

Feuer. Die Nacht ist kalt. Zarathustra stöhnt schwer und blickt zum gestirnten Himmel empor:
„Schrecklichster Tag meines Lebens — unendlich — so weit, so weit — elende Zauberkünste — unsere Priester wissen nichts, sonst hätten sie mich davor schützen können. — Sagen die Götter sterben," sagte er.
Habt ihr denn keine Götter mehr?

J. Nein, wir haben blos noch die Worte.
Zd. Aber sind diese Worte mächtig?
J. Es wird behauptet, jedoch merkt man nichts davon.
Zd. Wir sehen die Götter auch nicht und glauben doch, dass sie sind, und erkennen ihr Wirken im natürlichen Geschehen.
J. Die Wissenschaft hat uns die Fähigkeit des Glaubens genommen.
Zd. Auch das habt ihr verloren? Wie lebt ihr denn?

J. Wir leben so so la la, den einen Fuss
im Heissen, den andern im Kalten und
im Übrigen wie's eben kommt.
Jd. Du drückst dich dunkel aus.
J. So ist es auch bei uns, es ist Dunkel.
Jd. Könnt ihr das aushalten?
J. Nicht gerade glänzend. Ich persönlich
befinde mich nicht recht wohl dabei. Ich liebe
mich deshalb aufgemacht, nach Osten
zu wandern, zu der aufgehenden Sonne, um das Licht zu suchen.
Wo geht denn die Sonne auf?
Jd. Die Erde ist, wie du sagst, rund. Die Sonne
geht also nirgends auf.
J. Ich meine, habt ihr das Licht, das
uns fehlt?
Jd. Sieh mich an. Ich gedieh im Lichte
jener östlichen Welt. Daran magst
du ermessen, wie fruchtbar jenes Licht
ist. Wenn du aber aus einem solchen
Dunkellande kommst, dann hüte dich

vor dem übergewaltigen Licht. Du könntest erblinden, so wie wir alle etwas blind sind.

I. Wenn euer Licht so fabelhaft ist, wie du bist, dann will ich vorsichtig sein.

Izd. Du thust gut daran.

I. Ich lechze nach eurer Wahrheit.

Izd. Wie ich nach dem Westland. Ich werde Nib begüten.

Nun tritt Schweigen ein. Es ist spät in der Nacht. Und wir schlafen beim Feuer ein.

9.I.14.

Ich habe wenig geschlafen, nur unklare Träume störten mich mehr, als dass sie mir das rettende Wort eingaben.

Izdubar lag schweigend den ganzen Tag. Ich lief nimend hin und her am Kamme des Gebirges und schaute zurück nach meinem westlichen Lande

Ich liebe Izdubar und er soll nicht elend verkommen. Von woher soll ich Hilfe holen? Keiner wird den bodenkalten Weg überschreiten und ich — ich muss gestehen — ich fürchte mich auf jenem Weg zurückzukehren. Zudem ist es noch weiten zu weit um menschliche Hilfe zu holen. Da Pass ist begrenzt von senkrechten Felswänden — es giebt kein Ausweichen. Und nach Osten — giebt es vielleicht dort Hilfe? Aber die unbekannten Gefahren, die dort drohen! Ich möchte nicht erblinden. Was würde es Izdubar nützen? Ich kann als Blinder diesen Lahmen nicht tragen. Ja, wäre ich so gewaltig wie Izdubar! Was nützt mir hier die Technik und die Wissenschaft? Hier ist meine Kunst am

"Izdubar, höre, ich will dich nicht verkommen lassen. Schon bricht der zweite Abend an. Nahrung haben wir keine und der sichere Tod steht dir bevor, wenn es mir nicht gelingt, Hilfe herbeizuholen. Von Werten können wir keine Hilfe erwarten. Von Osten aber ist es vielleicht möglich. Trafst du niemand auf deinem Wege, der schjetzt zu Hilfe rufen könnte?

Jd. Lassen sein. Der Tod mag kommen, wann er will.

J. Mein Herz blutet mir, wenn ich denke, daß ich dich, Gewaltigen, hier verlassen müsste, ohne das Äuserste für dich versucht zu haben.

Jd. Was hilft dir deine Zauberkunst? Wärest du stark wie ich, du könntest mich wegtragen. Euer Geist kann nur zerstören und nicht heilen.

J. Wären wir in meinem Lande, schnelle

Wegen könnten uns Hilfe bringen.
Jg. Wäre ich in meinem Lande geblieben,
dann hätte mich dein Tipftochel nicht
getroffen.
J. Sage mir, wüßt du keine Hilfe
von der Seite des Ostens?
Jg. Der Weg ist lang und einsam. Und
wenn du aus dem Gebirge in die Ebene hinaus
kommst, dann triffst du die gewaltige
Sonne, die dich gewiß blendet.
J. Aber wenn ich nur in der Nacht wanderte, am Tage mich aber vor der Sonne
verborgen hielte?
Jg. Das ist ein Gedanke. Aber laß es
sein... Was hilft es? Meine Beine sind
verdorrt und abgestorben. Ich ziehe es
die Beete
über Fahrt nicht nach Hause zu bringen
J. Ich kann dich nicht so lassen. Ich
will gehen.
Jg. Gegen die Sonne könntest Du dich

vielleicht schnyer. Aber der Weg an dem Gebirge ist voll Gefahr. Klüngen und Ungeheuer umlauern ihn und du bist ihnen sicher verfallen. Also, du siehst — kein Weg."

J. Soll ich nicht des Arzt wegen?
Jd. Nutzlos. Der genennt nichts dabei, wenn du umkommst.

I. Lass mich noch etwas nachdenken. Vielleicht kommt mir doch noch ein rettender Gedanke.

Ich entferne mich und gehe auf einer vorspringenden Felsplatte auf und ab. Ich denke:

Grosser Zauber, Sturmensch, du bist in einer heillosen Lage — und ich nicht minder. Was ist da zu thun? — Es ist nicht immer nöthig zu thun, manch mal ist bloses Denken besser. Ich im Grunde bin ich ja davon überzeugt, dass Izdubar gar nicht im gewöhnlichen Sinne wirklich ist, sondern eine Phantasie. Der Situation wäre ja geholfen, wenn man ihr einen andern Aspect einbrächte. Aber der wird schwer halten. Izdibar wird es natürlich nicht annehmen, dass er eine Phantasie sei und behaupten wollen, er sei ganz real, sodann ihm uns auf uns ab Weise geholfen werden könne. — Immerhin lasst es mich einmal versuchen.

"Izdubar, Gewaltiger, höre: Mir ist ein Gedanke gekommen, der vielleicht Rettung bringt. Ich denke nämlich, du seiest gar nicht wirklich, sondern bloss eine Phantasie."

Jzd. dreht überrascht den Kopf nach mir um: Mir grants vor deinen Gedanken — sie sind mörderisch. Willst du mich gar für unwirklich erklären, nachdem du mich jämmerlich gelähmt hast?

J. Ich habe mich vielleicht etwas unverständlich ausgedrückt, zu viel in der Sprache der westlichen Landes. Ich meine natürlich nicht, du seiest gar unreal, sondern nur so real wie eine Phantasie. Wenn du das annehmen könntest, großer Zauber, dann wäre damit viel gewonnen.

Zb. Was wäre damit gewonnen? Du bist ein Qualteufel.

J. Ärmster, ich will dich nicht quälen. Die Hand des Arztes will nicht quälen, auch wenn sie wehthut. Könntest Du wirklich nicht annehmen, daß du eine Phantasie seist?

Zb. Wehe mir, in wes Hand einen Tauben willst du mich verstricken? Soll mir geholfen sein, wenn ich mich für eine Phantasie erkläre?

J. Du wirst, der Name, den du trägst,

bedeutet viel. Und du weißt auch, daß
man den Kranken oft einen neuen Namen
giebt, um sie zu heilen. Denn damit
empfangen sie ein neues Wesen. Dem Wesen
ist in deinem Namen enthalten.

Izd. Du hast Recht. Dasagen unsere
Priester auch.

?. Also giebst du es zu, daß du Phantasie
bist?

Izd. Wenn es hilft — ja.

X.   Nun ist er zwar eine Phantasie, aber
die Lage bleibt trotzdem enorm verwickelt.
Auch eine Phantasie läßt sich nicht einfach wegregieren.
Etwas hat damit zu geschehen. Immerhin ist
eine Phantasie, also bedeutend volatiler.
Ah, ich scheine Möglichkeit. Jetzt
kann ich ihm schnaufenden Rücken laden.

Izdubar, Phantasiebar, ein Weg

ich gefunden. Du bist licht geworden, lichter als eine Feder.. Jetzt kann ich dich tragen.

Ich hebe ihn vom Boden auf. Er ist sogar leichter als Luft und ich habe Mühe mit den Füssen am Boden zu bleiben, weil mich meine Last noch emporhebt.

Izd. Das war ein Meisterstück eurer Kunst. Wohin trägst du mich?

T. Ich trage dich hinunter ins Land des Westens. Meine Genossen werden sich freuen, eine so grosse Phantasie bei sich beherbergen zu können. Wenn wir nur erst das Gebirge hinter uns haben und in den gastlichen Hütten der Menschen angelangt sind, dann wollen wir versuchen, ob es nicht ein Mittel giebt, dich wieder gänzlich herzustellen.

Ich steige vorsichtig den Felsenpfad hinunter, mehr in der Gefahr vom Wind

emporgenommen zu werden, als hinunter
zu stürzen. Ich hänge förmlich an meinem
überleichten Last. Endlich erreichen wir
glücklich den Thalboden und da ist
auch schon der Weg der eis-kalten Schlucht
Dieses Mal aber bläst mich der Wind rasen
durch die Felsenenge hinunter und über
die Felder hinaus, bewohnten Stätten ent-
gegen. Der Schmerzensweg berührte mein
Sohlen nicht. Ich laufe jetzt beflügelt
durch schöne und länglige Landschaft.
Vor mir gehen Zwei auf der Landstraße.
Es ist der Anachoret und der Rothe. Als
wir dicht hinter ihnen sind, wenden sie
sich um und stürzen mit entsetztem
Kerchen zu den Feldern hinaus.

Jd. verwundert: Was sind das für Unge-
stalten, sind das deine Genossen?

J. Das sind böse Menschen, das sind

Relicte der Vergangenheit, denen man bisweilen begegnet. Sie waren früher von großer Bedeutung, jetzt braucht man sie hauptsächlich noch zum Schafe hüten.

Jgd. Aber sieh ein wunderliches Land!

Dort sehe scheint Stadt. Besser schwermeide sie. Es könnte einen Volksauflauf geben.

Jgd. Willst du nicht in jene Stadt?

J. Nein, dort wohnen die Aufgeklärten. Die sind eigentlich gefährlich, denn sie kochen die allerstärksten Gifte, vor denen sich sogar wir erhüten müssen. Aber sei ohne Sorge, es ist jetzt schon so dunkel, dass uns niemand sieht. Ich kenne hier ein einsames Landhaus, dort habe ich vertraute Freunde, die uns für die Nacht aufnehmen werden.

Ich komme an einen stillen

Ankehr Garten, darin steht ein ver-
schwiegenes Haus. Ich verberge Zdubar
unter den breiten Ästen eines Baumes
und gehe zur Pforte, wo ich klopfe. Eine
alte Magd öffnet mir. Ich betrachte die
Thüre, sie ist viel zu klein. Hier kann Zdubar
nicht hinein. Doch eine Phantasie bean-
sprucht keinen Raum! Warum kam ich
nicht früher auf diesen Gedanken. Ich eile
zurück und drücke Zdubar leicht auf Eigröße
zusammen und stecke ihn in die Tasche.
So trete ich ins gastliche Haus der Menschen,
wo Zdubar Heilung finden soll.

10. I. 14.

Es scheint, als ob noch diese denk-
würdige Erlebnis weiteres versucht sei.
Es ist aber noch nicht abzusehen, wohin die
Alles führt. Ich wage kaum, zu sagen,
das Schicksal Zdubars sei grotesk-tragisch

denn das alleshöchste Leben ist grotesk-tragisch. Fr. Th. Vischer (A.E.) hat den ersten Versuch gemacht, diese Wahrheit zum System zu erheben. Ihm gebührt ein Platz unter den Unsterblichen.

Das Mittlere ist die Wahrheit. Sie hat viele Gesichter, sicher ist Eines komisch, ein Anderes traurig, ein Drittes böse, ein Viertes tragisch, ein Fünftes lustig, ein Sechstes eine Fratze u.s.w. Wenn Eines dieser Gesichter uns besonders aufdringlich wird, sind dann erkennen wir daran, dass wir von der richtigen Wahrheit abgewichen sind und einem Extrem uns nähern, das eine sichere Sackgasse ist, wenn wir etwa den Kopf darein setzen wollten, auf diesem Wege weitergehen zu wollen. Ernst

Es ist eine blutige Aufgabe, eine Weisheit des wirklichen Lebens zu schreiben, besonders auch, wenn mancherlei Jahre im

in der Ernsthaftigkeit der Wissenschaft ge=
bracht hat. Das Schwerste ist, das Spieleri-
sche (man möchte gern sagen — das Kindische)
des Lebens zu erfassen. Alle die mannig-
fachen Seiten des Lebens, das Grosse, das
Schöne, das Ernste, das Schwarze, das Teuf-
lische, das Gute, das Lächerliche, das
Groteske sind Anwendungsgebiete, von
denen jedes Einzelne den Betrachter oder
Beschreiber gänzlich zu verschlingen strebt
pflegt.

  Unsere Zeit bedarf eines Regulativs
des Geistigen. Wie die Welt der Concreten
vom Beschränkten der antiken Anschauung
sich zu der unermesslichen Mannigfaltigkeit
der modernen Anschauung erweitert hat,
so hat sich auch die Welt der geistigen Mög-
lichkeiten zum unfassbar Mannigfaltigen
entwickelt. Unendliche lange Wege, gepflas-
mit tausenden von dicken Bänden, füh-

von einer Specialität zur andern. Diesen Weg kann bald keiner mehr gehen. Und dann giebt es nur noch Specialisten.

Wir bedürfen mehr denn je der lebendigen Wahrheit des gütigen Lebens, eines orientierenden Regulators.

———

Nachts, als Alles ruhig geworden war, griff ich in meine Tasche und holte das Ei heraus. Es war ein wirkliches Ei mit weisser harter Schale.

Ich lege es auf den Teppich in d. Mitte des Zimmers und klopfe es sorgsam auf. Wie ein Rauch steigt daraus empor bis zur Decke des Zimmers und vor mir steht Zöllners Gestalt riesengross und vollkommen. Seine Glieder auch sind vollkommen und ich finde keine Spur der Lähmung mehr an ihm. Es ist, wie wenn er aus tiefem Schlaf erwacht.

Ich. Wo bin ich? Wie eng ist es hier und wie dunkel und wie kühl? Bin ich im Grabe?

Wo war ich? — Es schien mir, ich sei im ungeheuren Weltall draussen gewesen — über und unter mir ein unendlicher schwarzer sternfunkelnder Himmel — ich in unsagbar sehnender Gluth — Feuerströme brechen aus meinem leuchtenden Körper — ich selber wogte in zuckenden Flammen — ich selber schwamm im eng an mich gepressten Meere der lebensvoller Gluth — ganz Lichte ganz Sehnsucht — ganz Ewigkeit — uralt und ewig mich erneuernd — vom Höchsten ins Tiefste hinunterstrahlend und aus dem Tiefsten ins Höchste strahlend empor.

gewirbelt — in feuerglühenden
Wolken um mich selber schwebend —
und als Glutregen wie Gischt der
Brandung niederprasselnd mich
selber hin überflutend — wiederum
jäh weissglühend emporflammend —
in ungeheurem Spiel mich selber
umarmend und abstossend.
Wo war ich? —

    Schwer ganz Sonne.

?. Oh Zauber, Göttliches, welches
Wunder! Du bist geheilt.
W. Geheilt? War ich jemals krank?
Wer spricht von Krankheit?
Schwer Sonne — ganz Sonne.
Ich bin die Sonne.
Ein unaussprechliches Licht bricht aus

seinem ganzen Körper, ein Licht, das
meine Augen nicht fassen können. Ich
muss mein Gesicht verhüllen, um nicht
zu erblinden — ich berge mein Gesicht am
Boden, weil die Hülle meine Augen
nicht schützt.

„Du bist die Sonne, das ewige
Licht — vergib Unmächtiger, dem
meine Hand Dich trug — — —

Es ist Alles still und Dunkel.
Ich blicke um mich — auf dem Teppich
liegt die leere Schale eines Eies.

Ich betaste mich, die Möbel,
die Wände, es ist Alles wie es immer war,
ganz einfach und ganz wirklich. Ich
möchte sagen, rings sei Alles Gold geworden, aber es ist nicht wahr; es ist
Alles, wie es immer gewesen ist.

Nur flutete das Licht des Lebens

unermeßlich und übergewaltig? —

Es helfe Rätsel rathen, wer kann. Mir schwindelt. — Ist dies der Pfad des Lebens?

12.I.74.

Ich sah ein Bild — ein fürchterliches Bild:

Ein düsteres Gewölbe — der Boden glatte feuchte Steinplatten — in der Mitte steht ein hoher Pfahl — an ihm hängen Taue und Haken. Zu Füßen des Pfahles liegt ein furchtbar schlangenhafter Wirrwarr menschlicher Körper — in der Mitte die liegende Gestalt eines schönen jungen Mädchens mit wunderbar goldrothem Haar — sie ist nackt — halb unter ihr liegt ein Mann mit bartlosem Gesicht in enganliegenden röthlichen Kleid, sein Kopf ist zurückgebeugt — über sie ich sehe einen feinen dünnen Streifen Blutes über die Stirne rinnen.

Füße und den Körper der Mädchen haben sich zwei (dritten) ganz gleichgekleidete Männer geworfen. Sie haben bartlose Gesichter von unnennbarem Ausdruck — das Böse in Essenz — ihre Muskeln sind gewaltig und ihre Körper geschmeidig wie die von Schlangen. — das Mädchen hält die Hand über dem Auge des unterliegenden Mannes der der mächtigste von den dreien ist — an ihrer Hand (diesmal starr) ist eine silberne Armspange an der ein eine kleiner Hacken ist, den sie irgendwie ins rechte Auge dieses Teufels getrieben hat.

Der Knäuel ist ganz regungslos und ich verstehe — sie wollten das Mädchen martern, sie wehrt sich und es gelang ihr, mit dem kleinen Haken das Auge des Bösen zu fassen — wenn er sich bewegt, dann wird sie ihm das

Auge mit einem letzten Ruck ausreissen.

Das Entsetzen lähmt mich.
Was wird geschehen?

Die innere Stimme regt: „der Böse kann kein Opfer bringen, er kann sein Auge nicht opfern. Der Sieg ist mit dem, der opfern kann."

Das Böse? Ich dachte zu wenig an das Böse. Auch der Böse _ist_. Das Böse, das abgrundtief Böse ist nicht zuwegzugeben. Dafür giebt es keine naturwissenschaftliche Bemäntelung. Auch das Wort „böse" ist abgekürzt, reicht aber die Sache.

Hier liegt ein inneres Sträuben – was will ich nicht sehen? Ein krankes Ekelgefühl beschleicht mich – widerwärtige heimtückische Schlangen winden sich langsam und knisternd durchs Gebüsch, hängen

faul und volleckigen Schlafes zu
abscheulichen Knoten geballt in den Zweigen
— ein Grauen, den kühlglatten Rücken
dieser Teufelsthiere zu berühren — es
sträubt sich Alles in mir, dies Thal
von langweilig-unscheinbarem Gestell(?)
zu betreten, wo die Büsche an dürr
steinigem Hang stehen — das Thal
sieht so gewöhnlich aus — seine Luft
wittert nach Verbrechen, nach jetzt übeln
feigen That — mich fasst Ekel und
Grauen — ich gehe zögernd über Geröll
steine — jede dunkle Stelle meidend aus Furcht
vor den Schlangen. Die Sonne blickt
matt aus grauem Himmel, und alles
Laub ist herbstlich dürr —

Zu den Steinen vor mir liegt
eine Puppe mit zerbrochenem Kopf
ein paar Schritte weiter eine kleine

Kinderschürze — und dort unter dem
Buch — der Körper eines halbnackten
kleinen Mädchens — der Körper bedeckt
mit schrecklichen Stich- und Schnitt-
wunden — blutbeschmiert — dreine
Fuss ist mit Schuh und Strumpf bekleidet
der andere nackt und blutig zerquetscht
der Kopf — wo ist der Kopf? —
der Kopf ist ein mit Haaren durch-
setzter Blutbrei mit bräunlichen Knochen-
stücken dazwischen — die Steine ringsum sind mit Gehirnmasse und Blut
besudelt.

Eiskaltes Entsetzen fesselt meinen
Blick auf dies Grässliche.
Da steht eine verhüllte Gestalt,
wie die eines Weibes, ruhig, mit ihr Gesicht
ist von einem undurchdringlichen Schleier
bedeckt. Ich sehe sie starr an.

Sie fragt auch Liese:
„Was sagst du dazu?"

1. Was soll ich sagen? hier gibt's erkeine Worte.

Sie: „Verstehst Du das?"

2. Ich weigere mich, solches zu verstehen. Ich kann nicht davon reden, ohne rasend zu werden.

1. Warum solltest du rasend werden? Du könntest jeden Tag rasen, solange du lebst, denn solches und ähnliches geschieht auf der Erde ~~fast~~ täglich.

2. Aber der Anblick fehlt mir meistens.

1. Also das Wissen genügt dir nicht, um daran rasend zu werden?

2. Wenn ich etwas bloss weiss, so ist es allerdings viel einfacher und leichter. Man

realisiert beim bloßen Lesen das Furchtbare eigentlich nicht.

S. Tritt näher, du siehst, der Leib des Kindes ist aufgeschnitten, nimm die Leber heraus.

J. Ich berühre die Leiche nicht. Wenn mich jemand dabei anträfe, würde er denken, ich sei der Mörder.

S. Du bist feige. Nimm die Leber.

J. Wozu soll ich der thun? Das ist Unsinn.

S. Ich will, dass du die Leber herausnimmst. Du musst es thun. (Die Stimme wird drohend.)

J. Wer bist du, dass du meinst, mir solches befehlen zu können?

S. Ich bin dieses Kindes Seele. Du hast diese Handlung für mich zu thun.

J. Ich verstehe nicht. Aber ich will dir

glauben und das grauenhafte Absurde
thun.

Ich greife in die Lebeshöhle — sie ist
noch etwas warm — die Leber hängt fest.
Ich nehme mein Taschenmesser und schneide
sie von den Bändern los, zitternd vor
Angst. Ich halte sie in blutigen Händen
der Gestalt hin:

S. Ich danke dir.

J. Was soll ich thun?

S. Du kennst die alte Bedeutung der
Leber und Du sollst damit eine heilige
Handlung vollbringen.

J. Was soll es sein?

S. Nimm ein Stück an Stelle der ganzen
Leber und iß es.

J. Was verlangst Du? Was ist ein
fürchterlicher Wahnsinn, das ist Leichen-
schändung und Anthropophagie! Du
machst mich zum schmutzigen Tintinnulus

an Nessen furchtbarsten von allen Verbrechen.
S. Du hast in Gedanken den Mörder die
furchtbarsten Qualen ersonnen, mit denen
er seine ~~That~~ sühnen konnte. Es giebt
nur eine Sühne: erniedrige dich selbst
und iss.

J. Ich kann nicht — ich weigere mich,
ich kann nicht theilhaben an dieser
furchtbarsten Schuld.

S. Du hast Theil an dieser Schuld.

J. Ich — Theil an dieser Schuld?

S. Du bist ein Mensch und ein Mensch
hat die That vollbracht.

J. Ja, ich bin ein Mensch — ich ver-
fluche ihn, dass er ein Mensch ist und mich,
dass ich ein Mensch bin.

S. Also, nimm Theil an seiner That, erniedrige
dich und iss. Ich bedarf der Sühne.

S. So soll es sein um deinetwillen, d

da die Seele dieses armen Kindes birst.

Ich knie nieder in die Steine, schneide ein Stück von der Leber ab und stecke es in den Mund, alle mein Eingeweide würgen sich in den Hals empor, die Thränen brechen aus meinen Augen — kalter Schweiss tropft mir von der Stirne — ein fader sämlicher Blutgeschmack — ich schlucke mit verzweifelter Anstrengung es geht nicht — nocheinmal und — nocheinmal — mir wird fast ohnmächtig — Es ist geschehen — Das Furchtbare ist vollbracht.

S. Ich danke dir.

Sie schlägt ihren Schleier zurück. — Sie ist ein schönes junges Mädchen mit röthlichblondem Haar.

Erkennst du mich?

I. Wie seltsam bekannt du mir bist.

Wer bist du?

S. Ich bin deine Seele.

Der Vorhang fällt. Welch grauenhaftes Spiel hat hier gespielt?

Schnurke:

Nil humanum a me alienum esse puto.

14. I. 14.

— Du bist die Ruhe — wer bist Du?

Namen und Worte entkleiden mir. Es soll wohl auch keine Namen und Worte geben.

Ich stehe in einer hohen Halle. Vor mir sehe ich einen grünen Vorhang zwischen 2 Säulen — der Vorhang öffnet sich leise — ich sehe in einen wenig tiefen

Raum dahinter — Steinfliesen — eine
glatte Mauer, darin ein kleineres Rund-
bogenfenster mit bläulichem Glas.
Ich trete jetzt meinen Turm auf die Stufe
ch zu diesem Raum durch den Vorhang führt und trete ein. Rechts
und Links sehe ich eine Thüre in
der Rückwand des Raumes.

  Es scheint, als ob ich an einem
Scheidweg stünde. Soll ich rechts oder
links wählen? —

    Ich entschiede mich für Rechts.
Die Thüre ist offen, ich trete ein, es
ist eine grosse Bibliothek von nüchtern
modernem Ansehen — Lesepulte, grüne
Lampen — eine technisch offenbar sehr
gut eingerichtete Bibliothek. Im
Hintergrund Rechts sitzt ein kleiner magerer

und etwas blasser Mann von etwa 40 Jahren, offenbar ein Bibliothekar. — Die Atmosphäre ist beschwerend — gelehrte Ambitionen — Gelehrtendünkel — verletzte Gelehrteneitelkeit — die Gelehrtenangst vor dem boshaften Kritiker und dem glücklichern Concurrenten und dem Unrechthaben.

Ich sehe ausser dem Bibliothekar Niemand. Ich gehe zu ihm hin. — Er blickt von seinem Buche auf und fragt:

„Was wünschen Sie?"

Ich denke mir hätte ein „Thomas a Kempis".

? „Ich möchte Thomas a Kempis: „die Nachfolge Christi" haben."

Er sieht mich missverstaunt an, wie wenn er mir das nicht zugetraut hätte und legt mir einen Bestellzettel hin zur Eintragung.

Livro 3

30 de dezembro de 1913 – 14 de janeiro de 1914

[1]

30.XII.1913

[1]Todas estas coisas me afastam tanto da minha ciência, com a qual eu acreditava ter um compromisso firme. Através dela eu quis servir à humanidade, e agora, minh'alma, me levas a estas coisas novas. Sim, é o mundo intermediário, o mundo sem caminhos, o mundo multiplamente cintilante. Eu esqueci, alcancei um novo mundo que, antes, me era estranho. Não vejo caminho nem ponte. Aqui deve se tornar verdade o que eu acreditava sobre a alma, ou seja, que ela conhece melhor o seu próprio caminho e que nenhuma intenção pode ditar-lhe um caminho melhor. Sinto que uma grande parte é cortada da ciência. Creio que isso é necessário, para o bem da alma e de sua vida. Atormenta-me o pensamento de que tudo isso deva acontecer por mim e que talvez ninguém possa obter luz daquilo que eu consiga trazer à superfície. Mas a minha alma exige esse desempenho. Devo poder fazer isso também apenas para mim, sem esperança – por amor a Deus. É, verdadeiramente, um caminho difícil. Aqueles anacoretas dos primeiros séculos cristãos, porém – fizeram eles coisa diferente? E foram eles, porventura, os piores ou mais inúteis das pessoas que viviam na época? Dificilmente, pois foram eles que ~~que~~ tiraram as consequências mais rigorosas da necessidade psicológica de seu tempo. Abandonaram mulher e filho, [1/2] riqueza, glória e ciência e se voltaram para o deserto – por amor a Deus. Assim seja.

---

1 Terça-feira. O parágrafo seguinte não foi reproduzido no *LN*.

[2]O deserto – areia amarela por toda parte, acumulada em ondas – um sol terrivelmente irascível – o céu azul como aço – o ar tremulando sobre a terra – à direita, um profundo e rochoso vale com um leito seco de rio – algum capim lânguido e algumas sarças empoeiradas. Na areia, vejo pegadas de pés descalços, que vão do vale do rio para o planalto. Eu as sigo, elas me levam para a esquerda, ao longo de uma alta duna. Onde a duna despenca, as pegadas se voltam para a direita – elas parecem ser frescas – entre elas, pegadas mais velhas, semiapagadas. Eu as sigo com atenção. Elas sempre seguem para a direita, aparentemente, ao longo da outra ~~face~~ encosta da duna. [2/3]

Agora elas se voltam ainda mais para a direita e se unem a outro conjunto de pegadas – é o mesmo rastro que eu já seguia, o rastro que subia do vale rochoso. Surpreso, sigo as pegadas que, agora, me levam para baixo. Logo alcanço as rochas quentes e avermelhadas, estranhamente corroídas pelo vento. Na pedra, o rastro se perde, mas vejo onde a rocha despenca em degraus e desço. O ar arde, e a rocha quente queima a sola dos meus pés através das sandálias. Agora alcancei o fundo. E aí estão novamente as pegadas na areia. Elas seguem os meandros do vale, por pouca distância. Então me encontro diante de uma pequena e miserável cabana com telhado de caniça e paredes de tijolo de lama. Uma ♭ prancha bamba serve como porta, na qual foi pintada uma cruz com tinta vermelha. Eu a abro silenciosamente. Um homem esbelto[3] de crânio calvo e pele morena escura, envolto em um simples manto de linho branco, está sentado numa esteira, encostado na parede da casa. Sobre [3/4] seus joelhos está um livro em pergaminho amarelado e linda caligrafia negra – um livro grego – o Novo Testamento[4] – sem dúvida – estou com um anacoreta do deserto líbio.[5]

Eu te incomodo, pai?, pergunto em voz baixa.

---

2 *Líber Secundus*, "O Eremita", *LN*, p. 215ss. A descrição nos dois parágrafos seguintes foi levemente abreviada no *LN*.
3 No *LN*, "magro".
4 Essa cláusula não foi reproduzida no *LN*.
5 No capítulo seguinte, o anacoreta é identificado como Amônio. Numa carta de 31 de dezembro de 1913, Jung observou que o anacoreta era do século III d.C. (JFA). Existem três figuras históricas de Alexandria chamadas Amônio desse período: Amônio, um filósofo cristão do século III, a quem se atribuía a responsabilidade pelas divisões medievais dos evangelhos, Amônio Ceto, que nasceu cristão, mas se voltou para a filosofia grega e cuja obra representa uma transição do platonismo para o neoplatonismo, e, no século V, um Amônio neoplatônico, que tentou reconciliar Aristóteles com a Bíblia. Em Alexandria, houve uma acomodação entre neoplatonismo e cristianismo, e alguns dos alunos desse último Amônio se converteram para o cristianismo.

"Não incomodas. Mas não me chames pai. Sou um homem como tu. O que desejas?"

Venho sem desejo. Cheguei por acaso a este lugar no deserto e, no alto, encontrei pegadas na areia, que, em círculos, me levaram até ti.

"Encontraste os rastros de minha caminhada diária ao nascer do sol e ao cair da noite".

(O tom de sua voz é calmo e natural. Nenhuma surpresa sobre o forasteiro, nenhuma curiosidade e nenhuma pose.)[6]

Perdoa-me se eu interromper tua devoção. É, porém, uma oportunidade rara de eu estar contigo. Nunca [4/5] vi um anacoreta antes.

"Encontrarás vários outros mais adiante neste vale. Alguns têm cabanas como eu, outros residem nos túmulos que os antigos escavaram nas montanhas. Habito no ponto mais alto do vale, porque aqui é o lugar mais solitário e silencioso e porque aqui estou mais próximo da paz infinita do deserto".

Estás aqui há muito tempo?

"Vivo aqui há, talvez, dez anos. Mas realmente não consigo me lembrar com exatidão há quanto tempo. Poderiam ser alguns anos a mais. O tempo passa tão rápido".

O tempo passa rápido para ti? Como isso é possível? Tua vida deve ser terrivelmente monótona!

Com leve surpresa, o anacoreta levanta os olhos para mim:[7]

"Certamente, o tempo passa rápido para mim, rápido demais até. Pareces ser pagão?"

Eu? não – não exatamente. Eu [5/6] fui criado na fé cristã.

"Bem, como, então, podes perguntar se o tempo se arrasta para mim? Tu deverias saber como se ocupa um anacoreta.[8] O tempo se arrasta apenas para os ociosos".

Perdoa-me de novo – minha curiosidade é grande – com que te ocupas?

"És uma criança? Para começar, tu vês que estou lendo, e depois tenho meus horários regulares".

---

6 O parágrafo precedente não foi reproduzido no *LN*.
7 O parágrafo precedente não foi reproduzido no *LN*.
8 No *LN*, "um anacoreta" foi substituído por "alguém que está triste" (p. 217).

Mas não vejo nada com que poderias te ocupar aqui. Já deves ter lido este livro várias vezes. E se forem os Quatro Evangelhos, como suspeito, tu já deves sabê-los de cor.

"Como é infantil a tua fala! Não sabes que é possível ler um livro muitas vezes – talvez tu até quase o saibas de cor, mesmo assim, quando [6/7] olhares de novo para as linhas à tua frente, certas coisas podem te parecer novas ou podes até mesmo ter pensamentos totalmente <u>novos</u>, que não tiveste antes. Cada palavra pode ter um efeito criativo em teu espírito. E, finalmente, quando deixaste de lado o livro por uma semana e voltas a pegá-lo após teu espírito ter passado por diferentes transformações, terás mais de <u>uma</u> luz nova".

Tenho dificuldade em entender isso. As palavras no livro são sempre as mesmas, certamente um conteúdo muito maravilhoso e profundo, até mesmo divino, mas não tão rico ao ponto de preencher inúmeros anos.

"Tu és surpreendente. E como é que lês este livro sagrado? Realmente vês sempre o mesmo significado nele? De onde vens? Certamente és um pagão."

Eu te peço, por favor, não me leves a mal se eu falar como um pagão. Deixa-me apenas conversar contigo. Estou aqui para aprender contigo. Considera-me o aluno ignorante que sou em teus assuntos.[9] [7/8]

"Se te chamo pagão, não toma isto como insulto. Também eu costumava ser um pagão e pensava, como bem me lembro, exatamente como tu. Como, então, eu poderia culpar-te por tua ignorância?"

Eu te agradeço por tua paciência. No entanto, importa-me muito saber como lês e o que tiras de teu livro.

"Não é fácil responder à tua pergunta. É mais fácil explicar as cores a um cego. Antes de mais nada deves estar ciente de uma coisa: uma sequência de palavras não possui apenas <u>um</u> sentido. As pessoas se esforçam apenas por atribuir um único sentido às sequências de palavras.[10] Esta ambição é mundana e ~~fútil~~ limitada e pertence aos níveis inferiores do divino plano de criação. Nos níveis mais altos da percepção dos pensamentos divinos, ~~têm~~ reconheces que as sequências de palavras possuem mais de um sentido válido. Somente ao onisciente é dado conhecer todos os sentidos das sequências de palavras. Nós nos

---
9 "nessas coisas", no *LN* (p. 217).
10 *LN* acrescenta: "isto é, por ter uma linguagem inequívoca" (p. 218).

esforçamos progressivamente por reconhecer alguns significados adicionais".[11]
[8/9]

Se eu te entendo corretamente, estás dizendo que também as escrituras sagradas da nova aliança possuem um sentido duplo, um sentido exotérico e outro esotérico, como alegam alguns eruditos judeus em relação a~~os~~ seus livros sagrados.[12]

"Longe de mim esta superstição maligna. Percebo que és totalmente inexperiente em assuntos divinos".

~~Isto~~ Devo admitir minha profunda ignorância nestas coisas. Mas estou ávido demais para conhecer e entender o que entendes como sentido múltiplo das sequências de palavras.

"Não sou capaz de dizer-te tudo que sei sobre isso. No entanto, tentarei explicar-te pelo menos os elementos. Para tanto, quero, por causa de tua ignorância, começar por outro lugar: pois deves saber que, antes de me familiarizar com o cristianismo, eu era um retórico e filósofo na cidade de Alexandria. Eu possuía um fluxo considerável de alunos, entre eles muitos [9/10] romanos, também alguns bárbaros da Espanha e da Gália.[13] Eu lhes ensinei não só a história da filosofia grega, mas também os sistemas mais novos, entre eles, o sistema de Fílon, que nós chamamos o Judeu.[14] Ele era uma mente esperta, mas fantasticamente abstrata, ~~um~~ como os judeus costumam ser, ~~quando~~ e além disso um escravo de suas palavras. Eu acrescentei meu próprio sistema e teci uma rede atroz de palavras, na qual emaranhei não só meus ouvintes, mas também a mim mesmo. Nós nos deleitamos terrivelmente com palavras e nomes, nossas próprias criaturas miseráveis, e lhes ~~demos~~ atribuímos uma potência divina. Sim, até acreditávamos em sua realidade e julgávamos possuir o divino e ~~o~~ tê-lo fixado em palavras".

---

[11] "sentido", no *LN* (p. 218).
[12] Uma referência à interpretação rabínica da *Torá* no *Midrash*.
[13] "Gália e Bretanha", no *LN* (p. 218).
[14] Fílon o Judeu também chamado Fílon de Alexandria (20 a.C.-50 d.C.), foi um filósofo judeu de língua grega. Suas obras apresentam uma fusão de filosofia grega e judaísmo. Para Fílon, Deus, a quem ele se referia com o termo platônico "To On", era transcendente e incognoscível. Certos poderes de Deus se estendiam ao mundo. O aspecto de Deus que pode ser conhecido através da razão é o *logos* divino. Tem havido muito debate sobre a relação exata entre o conceito de *logos* de Fílon e o Evangelho de João. Em 23 de junho de 1954, Jung escreveu a James Kirsch: "A gnose da qual emanou João Evangelista é definitivamente judia; mas, em sua essência, é helênica, no estilo de Fílon, o judeu, do qual também provém a concepção do *logos*" (LAMMERS, A.C. (org.). *The Jung-Kirsch Letters*. Londres: Routledge, 2016, p. 205).

Mas Fílon, o Judeu – se é dele que falas – foi um filósofo sério e um grande pensador, e nem mesmo João o Teólogo,[15] o desdenhou, pois transferiu algumas ideias de Fílon para o seu Evangelho. [10/11]

"Estás correto: este ~~tens~~ é o mérito de Fílon, ele criou língua, como tantos outros filósofos. Ele pertence aos artistas da língua. Mas as palavras não devem tornar-se ídolos[16]".[17]

Não te entendo aqui. Não diz o Evangelho segundo João: καὶ θεὸς[18] ἦν ὁ λόγος?[19] Parece-me que, aqui, a mesma visão que antes rejeitaste é expressa claramente.

"Cuida-te para não te tornares um escravo das palavras. Aqui está o Evangelho de João. Lê a partir daquela passagem que diz: ἐν αὐτῇ ζωὴ ἦν.[20] O que João diz ali?"[21]

ἐν ᾗ ζωὴ ἦν τὸ φῶς τῶν ἀνθρώπων καὶ τὸ φῶς ἐν τῇ σκοτίᾳ φαίνει, καὶ ἡ σκοτία αὐτὸ οὐ κατέλαβεν. ἘΓΕΝΕΤΟ ἌΝΘΡΩΠΟΣ ἈΠΕΣΤΑΛΜΈΝΟΣ ΠΑΡΑ῀Υ ΘΕΟΥ῾ΟΝΟΜΑ ΑΥΤΩ ΙΩΆΝΝΗΣ -----[22] [11/12]

"Eu te pergunto: este logos[23] era um conceito, uma palavra? Era uma luz, um homem, na verdade, que viveu entre os homens. Vês que Fílon emprestou a João apenas a palavra e o conceito[24] para que João tivesse à sua disposição,

---

15 "o Evangelista", no *LN*.
16 "Deuses", no *LN* (p. 219).
17 Em 1957, Jung escreveu: "Até hoje não se percebeu com a necessária clareza e profundidade que a nossa época, apesar do excesso de irreligiosidade, está consideravelmente sobrecarregada com o que adveio da era cristã, a saber, com *predomínio da palavra*, daquele Logos que representa a figura central da fé cristã. A palavra tornou-se, ao pé da letra, o nosso Deus e assim permanece" (*Presente e futuro*, OC 10/1, § 554).
18 A ortografia de Jung de θεὸς como ϛεὸς foi corrigida aqui.
19 "Deus era a Palavra", no *LN* (p. 219).
20 "nela estava a vida", no *LN* (ibid.).
21 Jo 1,1-10: "No princípio era a Palavra e a Palavra estava com Deus, e a Palavra era Deus. No princípio ela estava com Deus. Todas as coisas foram feitas por meio dela e sem ela nada se fez do que foi feito. Nela estava a vida, e a vida era a luz dos seres humanos. A luz brilha nas trevas, mas as trevas não a compreenderam. Houve um homem enviado por Deus, de nome João. Ele veio como testemunha, para dar testemunho da luz, a fim de que todos cressem por meio dele. Ele não era a luz, mas veio para dar testemunho da luz. Era esta a luz verdadeira que, vindo ao mundo, ilumina todas as pessoas. Ela estava no mundo, e por ela o mundo foi feito, mas o mundo não a conheceu."
22 Em vez disso, *LN* diz: "'E a vida era a luz dos homens. A luz brilha nas trevas, mas as trevas não o compreenderam. Houve um homem enviado por Deus, de nome João. Ele veio como testemunha, para dar testemunho da luz. Era esta a luz verdadeira que, vindo ao mundo, ilumina todas as pessoas. Ele estava no mundo, e por ela o mundo foi feito, mas o mundo não o conheceu'". *LN* continua: "É isto que leio aqui. Mas o que achas disso?" (p. 219).
23 "ΛΟΓΟΣ", no *LN* (p. 220).
24 Essa palavra não foi reproduzida no *LN*.

além da palavra ϕῶς,[25] também a palavra λόγος com seu significado especial para expressar o Filho do Homem.[26] Em João, o significado do logos[27] é dado ao homem vivo, Fílon, porém, atribui ao logos, ao conceito morto, a vida, a vida divina.[28] E este foi também o meu equívoco atroz".

Vejo agora o que queres dizer. Este pensamento é novo para mim e me parece especialmente digno de reflexão. Até agora, sempre me pareceu que justamente isto era o significativo em João, que o Filho do Homem era o logos, elevando assim o inferior ao espírito mais alto, ao mundo do logos. [12/13] Tu, porém, me levas a ver o assunto de modo invertido, ou seja, que João traz o significado do logos para o nível do homem.

"Aprendi a ver que João tem até o grande mérito filosófico de ter <u>elevado</u> o significado do logos ao nível do homem".

Tu tens opiniões curiosas, que atiçam minha curiosidade ao máximo. Como é isso, entendes que o humano está acima do logos?

"A esta pergunta responderei dentro dos limites de tua compreensão: se, para Deus, o humano não tivesse sido mais importante do que tudo, ele teria se revelado como filho <u>não na carne</u>, mas no logos".[29]

Isso faz sentido para mim, mas confesso que esta concepção me surpreende. ~~Espanta-me~~ Surpreende-me especialmente que tu, um anacoreta cristão, tens chegado a tais opiniões. De forma alguma tinha esperado algo assim de um anacoreta.[30]

"Tu tens, como já percebi, uma ~~interpr~~ ideia completamente errada de [13/14] mim e minha vida.[31] Podes ver nisto um pequeno exemplo de minha ocupação. Passei muitos anos somente com o processo de mudar o que aprendi. Tu também já mudaste alguma vez o que aprendeste? — Bem, então deverias saber quanto tempo isto exige. E eu era um mestre bem-sucedido em sua disciplina. Como sabes, para esse tipo de pessoas é difícil ou até mesmo impossível mudar o que aprendeu. Sua segunda palavra é: 'Sim, se eu fosse mais

---

25 "luz", no *LN* (p. 220).
26 "para descrever", no *LN* (ibid.).
27 "sentido do ΛΟΓΟΣ", no *LN* (ibid.) e usa a ortografia grega de *logos* no restante deste registro.
28 *LN* acrescenta: "com isso, o morto não ganha nenhuma vida, e o vivo será morto" (ibid.).
29 Jo 1,14: "E a Palavra se fez carne e habitou entre nós; vimos a sua glória, a glória de Filho único do Pai, cheio de graça e verdade".
30 "de ti", no *LN* (p. 220).
31 "natureza", no *LN* (ibid.).

jovem'. Isso pode ajudar-te a imaginar quanto tempo precisei para mudar o que aprendi.[32]

Mas vejo que o sol já se pôs. Em breve, será totalmente escuro. A noite é o tempo do silêncio. Eu te mostrarei teu leito noturno. Precisarei da manhã para o meu trabalho, mas, após o meio-dia, podes voltar para mim, se quiseres, e então continuaremos nossa conversa."

Ele me leva para fora da cabana. Escuras sombras azuis cobrem o vale. O ar é indescritivelmente claro. As primeiras estrelas já cintilam no céu.[33] Damos a volta numa rocha. Estamos [14/15] diante de um túmulo de pedra egípcio. Ele me leva para dentro; próximo à entrada, está um monte de caniço coberto por esteiras. Num bloco de pedras há um jarro de água. Ao lado, numa mesa branca, tâmaras secas e um pão preto.

"Aqui estão o teu lugar e a tua refeição noturna. Dorme bem. Não te esquece de tua oração matinal, quando o sol se levantar".[34]

1 de jan. 1914[35]

Ponho as mãos à obra. Alegria é permissível.[36]

---

[37]Acordo, o dia desperta no Oriente. Uma noite, uma noite maravilhosa em distante profundeza dos tempos, chega ao fim. Em quais espaços distantes estive? O que sonhei? Com um cavalo branco? Queria poder lembrar-me! É como se eu já tivesse [visto] este [15/16] cavalo branco no céu oriental acima do sol nascente. Este cavalo falou comigo. O que ele disse?

"Vivas àquele que está no escuro. O dia veio para ele".

Ah, vejo que são 4 cavalos, brancos com asas douradas, eles trazem a carruagem do sol, nele está de pé Hélios com cabeça flamejante.[38] Eu estava no fundo da ravina, assustado e pasmo, e mil serpentes pretas se esconderam apressadas em seus buracos por toda parte. Hélios ascendeu trovejante para alturas

---

32 A oração precedente não foi reproduzida no *LN*.
33 A oração precedente não foi reproduzida no *LN*.
34 Para o comentário de Jung sobre este registro, cf. *LN*, p. 221-225.
35 Quinta-feira.
36 Quinta-feira. Essa oração não foi reproduzida no *LN*.
37 *Liber Secundus*, "Dies II" (*LN*, p. 225ss.).
38 Na mitologia grega, Hélios é o Deus sol e anda numa carruagem puxada pelo céu por quatro cavalos.

infinitas, para as amplas trilhas do céu. Eu me ajoelhei e, implorando, estendi as mãos para o alto e exclamei em voz alta: "Dá-nos a tua luz, cachos de fogo, abraçado, crucificado e ressuscitado, tua luz, tua luz!"

Este grito me despertou. [16/17]

Não disse o anacoreta na noite passada: "Não te esqueças de tua oração matinal, quando o sol se levantar"? Ainda pensei que talvez ele adorasse secretamente o sol.

Do lado de fora, um vento matinal fresco se levanta, areia amarela escorre em pequenas veias pelas rochas escuras. O céu fica vermelho, e vejo como os primeiros raios se lançam no firmamento. Ao redor, um silêncio solene e solidão. Uma grande lagartixa em cima de uma pedra espera o sol.

Permaneço como que enfeitiçado e me lembro laboriosamente de tudo que aconteceu no dia anterior e especialmente daquilo que o anacoreta disse. É um homem estranho. O que foi que ele disse? Que as sequências de palavras possuem sentido múltiplo e que João levou o logos[39] ao homem, que ele o elevou ao nível do homem. Na verdade, isso não me soa nada cristão. Seria ele um gnóstico?[40] Não, isso me parece [17/18] impossível, pois estes foram os piores idólatras de palavras, como ele diria.

O sol – – o que me enche com tão estranho júbilo interior? – não devo me esquecer de minha oração matinal – mas onde está minha oração matinal?

"Amado sol, não tenho nenhuma oração, pois não sei como deves ser invocado".

Agora, acabo de orar ao sol. Mas creio que o anacoreta quis dizer que, ao nascer do dia, eu deveria orar a Deus. Ele não sabe – não temos mais oração. Como ele saberia de nossa nudez e pobreza? Mas onde foram parar as orações? Confesso, aqui elas me fazem falta. Isso deve ser por causa do deserto. Aqui parece que seria ~~precis~~ possível orar. O deserto é tão ruim assim? Acredito, porém, que não seja pior do que ~~se~~ nossos [18/19] desertos culturais, que cha-

---

39 Em grego, no *LN*.
40 Durante esse período, Jung estava envolvido nos estudos de textos gnósticos, nos quais ele encontrou paralelos históricos de suas próprias experiências. Cf. Alfred Ribi, *Die Suche nach de eigenen Wurzeln: Die Bedeutung von Gnosis, Hermetik und Alchemie für C.G. Jung und Marie-Louise von Franz und deren Einfluss auf das moderne Verständnis dieser Disziplin* (Bern, Peter Lang, 1999).

mamos cidades.[41] Mas por que, então, não oramos lá? Aparentemente, nem lá nem aqui temos uma deidade à qual possamos orar.[42]

Devo olhar para o sol? – como – como se ele tivesse algo a ver com isso. Ah, sonhos primordiais da humanidade. Parece que jamais poderemos fugir deles.[43]

O que farei durante toda esta longa manhã? Ela parece querer se estender insuportavelmente. Não entendo como o eremita conseguiu aguentar esta vida até mesmo por um único ano.

Subo e desço sem planos pelo leito do rio e, finalmente, me sento num bloco de pedra. Diante de mim, erguem-se algumas ervas amarelas. Lá se arrasta um pequeno besouro escuro empurrando uma esfera – um escaravelho.[44]

Pequeno animal querido, ainda labutas para viver teu belo [19/20] mito? E com que seriedade e sem descanso ele trabalha! Ah, se tivesses uma noção de que encenas um velho mito, é provável que renunciaríeis às tuas fantasias, assim como nós homens também desistimos de representar mitologia. O irreal nos enoja – O que digo pode parecer muito estranho neste lugar, e o bom eremita certamente não concordaria. O que estou fazendo aqui? Não, não quero julgar antecipadamente, pois ainda nem entendi de verdade o que ele quis dizer. Ele tem o direito de ser ouvido. Falando nisso, ontem pensei diferentemente, eu até era muito grato a ele por querer me instruir. Mais uma vez, estou cheio de mim mesmo[45] e me finjo de crítico e cético – ou seja, estou no melhor caminho para não aprender nada. Suas ideias[46] nem são tão ruins – não [20/21], são até boas. Não sei por que tenho a tendência de rebaixar o homem. Talvez ainda tenha que entender muitas coisas desagradáveis?[47]

"Querido besouro, para onde foste, não te vejo mais!? Ah, já estás ali com tua esfera mítica!" Esses animais perseveram naquilo que fazem, diferente-

---

41 As duas últimas cláusulas foram substituídas no *LN* por "nossas cidades" (p. 226).
42 Não reproduzido no *LN*.
43 Não reproduzido no *LN*.
44 Em *Sincronicidade: Um princípio de conexões acausais* (1952), Jung escreveu: "O escaravelho é um símbolo clássico de renascimento. O livro *Am-Tuat* do antigo Egito descreve a maneira como o Deus-sol morto se transforma no Kheperâ, o escaravelho, na décima estação, e, a seguir, na duodécima estação, sobe à barcaça que trará o Deus-sol rejuvenescido de volta ao céu matinal do dia seguinte" (OC 8/3, § 845).
45 Essa expressão não foi reproduzida no *LN*.
46 Isto foi substituído no *LN* por "pensamentos" (p. 227).
47 Essa oração não foi reproduzida no *LN*.

mente de nós – nenhuma dúvida, nenhuma mudança de opinião, nenhuma hesitação. Será que isso se deve ao fato de eles viverem o seu mito?

"Querido escaravelho, paizinho, eu te venero, bendito seja o teu trabalho – por toda a eternidade. Amém".

Que absurdo estou falando? Estou adorando um animal – isso ~~se deve~~ deve ser o deserto, ele parece exigir orações de forma absoluta.

Como é lindo aqui! A cor avermelhada das pedras é maravilhosa, ~~são~~ elas parecem refletir o brilho de cem mil [21/22] sóis do passado – estes grãozinhos de areia rolaram em mares primordiais fabulosos, sobre eles nadaram e rastejaram monstros primordiais de formas jamais vistas. Onde estavas tu, homem, naqueles dias? Nesta areia quente se deitaram, aconchegados como crianças à sua mãe, teus infantis ancestrais animais primordiais.

Ah, mãe pedra, eu te amo, aconchegado a teu corpo, estou deitado, eu, teu filho tardio. Bendita sejas, ~~minha~~ mãe primordial, a ti pertence meu coração e toda a glória e toda a força. Amém. Amém.

O que estou falando? Isso deve ser o deserto, normalmente, tais coisas estranhas não me vêm à mente.

Como tudo me parece ter vida! Este lugar é verdadeiramente monstruoso. Estas pedras – são mesmo pedras? – todas elas são individuais e, mesmo assim, pertencem intimamente [22/23] umas às outras. Elas parecem ter se reunido aqui deliberadamente. Estão alinhadas como um exército perfilado que desce pelo vale.[48] Elas se dispuseram harmonicamente,[49] grandes avançam individualmente, as pequenas sentem[50] as lacunas e se reúnem em grande bando, que marcha à frente das grandes. Aqui, as pedras parecem formar exércitos[51] e estados bem-organizados.

Estou sonhando ou desperto? Faz calor. O sol já vai alto – como passam as horas! De fato, esta manhã já passou – e que manhã surpreendente! Será o sol, ou será este leito de rio curiosamente animado, ou será o deserto que faz zunir a minha cabeça?

---

48 A última cláusula não foi reproduzida no *LN*.
49 "simetricamente", no *LN* (p. 227).
50 Corrigido no *LN* para "preenchem".
51 Esta expressão não foi reproduzida no *LN*.

Subo do vale e, após uma curva do vale, encontro-me diante da cabana do anacoreta. Ele está sentado em sua esteira de mãos dobradas, perdido em profunda reflexão.

"Meu pai", digo em voz baixa,[52] "aqui estou". [23/24]

"Como passaste tua manhã?"

Ontem, admirei-me quando disseste que o tempo passa rápido. Não te questionei mais.[53] Aprendi muitas coisas. Mas não o suficiente para que continues sendo um enigma ainda maior do que antes – o que não deves vivenciar no deserto, homem maravilhoso! Até as pedras devem falar contigo.

"Estou feliz por teres ~~entendido~~ aprendido a entender algo da vida dos anacoretas. Isto facilitará nossa difícil tarefa. Não quero me meter em teus segredos, mas sinto que vens de um mundo estranho, que nada tem a ver com o nosso".

Dizes a verdade. Sou um estranho aqui, mais estranho do que qualquer um que já tenhas visto. Mesmo um homem da costa mais distante da Bretanha estaria mais próximo de ti do que eu. Por isso, tem paciência, mestre, e deixa-me beber da fonte de tua sabedoria. Mesmo [24/25] que estejamos cercados de um deserto sedento, flui aqui uma torrente invisível de água viva.

"Fizeste a tua oração?"

Mestre, perdoa, eu tentei. Mas não encontrei nenhuma oração. Mas sonhei que orei ao sol que nascia.

"Não te preocupas por causa disso. Mesmo que não tenhas encontrado palavras, tua alma encontrou palavras indizíveis para saudar o nascer do dia".

Mas era uma oração pagã a Hélios.

"Que ela te baste".

Mas, mestre, não foi só no sonho que orei ao sol, mas, em minha distração, orei também ao escaravelho e à terra.

"Não te admires de nada, e de forma alguma o julgues ou lamentes. Vamos ao trabalho. Queres perguntar algo sobre nossa conversa de ontem?" [25/26]

Ontem eu te interrompi quando falavas de Fílon. Querias me explicar como entendes o sentido múltiplo das sequências de palavras.

---

52 Essa cláusula não foi reproduzida no *LN*.
53 *LN* acrescenta: "e não me admirei mais disso" (p. 228).

"Então continuarei meu relato de como fui liberto do terrível emaranhamento das teias de palavras. Certa vez, um homem que meu pai tinha libertado e que gostava de mim desde a minha infância me procurou e me disse:

"Ó Amônio (este é o meu nome)[54], estás bem?"

"Certamente", respondi, "vês que sou letrado e tenho grande sucesso".

"Quero dizer, és feliz e vives?", disse então o velho.

Eu ri: "Como podes ver, tudo está bem".

Então respondeu o velho: "Eu vi tua preleção. Tu pareces estar preocupado com o julgamento de teus ouvintes, inseriste chistes em tua preleção para agradar aos teus ~~ouvintes~~ alunos.[55] Amontoaste expressões cultas para impressioná-los. [26/27] Eras inquieto e apressado, como se ainda estivesse compelido a apoderar-te de todo conhecimento. Não estavas em ti mesmo".

No início, as palavras me pareceram risíveis, mesmo assim, me impressionaram e concordei com o velho, pois ele estava certo.

Então ele disse: "Prezado Amônio, tenho uma notícia deleitosa para ti: Deus se fez carne em seu Filho e trouxe salvação para todos nós."

"O que estás dizendo?", exclamei. "Deves estar falando de Osíris,[56] que aparecerá em corpo mortal?"

"Não", respondeu ele, "este homem viveu na Judeia. Ele nasceu de uma virgem".

Eu ri e respondi: "Já sei, um comerciante judeu trouxe para a Judeia a notícia da nossa rainha virgem, cuja imagem ~~do temp~~ está na parede do templo em Luxor,[57] e a contou como história de carochinha."

"Não, ele era o Filho de Deus", disse o velho. "Então deves estar falando de Hórus, o filho de Osíris?" [27/28]

"Não, não era Hórus,[58] mas um homem real. Ele foi pendurado numa cruz".

---

54 As palavras parentéticas não foram reproduzidas no *LN*.
55 "auditório" no *LN* (p. 229). Na época, Jung ainda estava ensinando na faculdade de medicina da universidade de Zurique.
56 Osíris é o Deus egípcio da vida, morte e fertilidade. Seth, seu irmão, o Deus do deserto, o mata e desmembra. O corpo de Osíris é recuperado e recomposto por sua esposa Ísis, e ele volta à vida. Jung discutiu Osíris e Seth em *Transformações e símbolos da libido* (CW B, § 358ss.).
57 O local de Luxor não foi informado no *LN*. O templo de Luxor fazia parte de um grande complexo de seis templos fundados em 1400 a.C. A cidade de Luxor contém as ruínas de Tebas, que era a capital do Egito nos reinos intermediário e novo. Jung possuía uma série de cartões-postais do complexo de templos da cidade próxima de Carnaque, que indicava que ele tinha visitado o local, supostamente em 1925. Luxor aparece também num sonho em 1927 (cf. *Livro 7*, p. 237).
58 Hórus, o filho de Osíris, é o Deus egípcio do céu. Ele luta contra Seth.

Então deve ter sido Seth, que os nossos antepassados imaginaram assim.

"Ele morreu e ressuscitou no terceiro dia".

"Bem, então deve ser Osíris".

~~Bem, então deve ser Osír~~

"Não, ele se chamava Jesus Cristo."[59]

"Ah, estás falando apenas desse Deus judeu que ~~a gen~~ o povo comum venera no porto".[60]

"Não, ele era um homem e, mesmo assim, Filho de Deus".

"Isso é um disparate, querido velho", eu disse finalmente e o empurrei pela porta. Mas como um eco de distantes escarpas, repetiam-se as palavras dentro de mim: "um homem e, mesmo assim, Filho de Deus". Isso me pareceu significativo, e foi esta palavra que me trouxe para o cristianismo.

Mas não acreditas que o cristianismo [28/29] poderia ser apenas uma variação judia[61] de vossas ideias egípcias?

"Se dizes que nossas antigas concepções egípcias eram expressões menos pertinentes ao cristianismo, é mais provável que eu concorde contigo".

Bem, supões então que~~, em tamanha extensão~~, a história das religiões se orienta em tamanha extensão por um objetivo final?

"Certa vez, meu pai comprou no mercado um escravo negro da região das nascentes do Nilo. Ele vinha de uma terra que nunca tinha ouvido falar nem de Osíris[62] nem de Cristo, e ele me contou coisas de~~sta~~ sua religião que, numa linguagem simbólica mais simples, diziam o mesmo que nós ~~dizíamos~~ acreditávamos sobre Osíris. Aprendi a entender que aqueles negros incultos, sem que o soubessem, já possuíam a maior parte daquilo que as religiões de povos cultos tinham transformado em sistema.[63] Portanto, aquele que soubesse ler corretamente aquela linguagem simbólica conseguiria ler nela não só a religião de Osíris[64] como também

---

59 "Jesus, o Ungido", no *LN* (p. 229).
60 No *LN*, essa cláusula foi substituída por "que o povo da classe inferior venera no porto e cujos mistérios imundos ele celebra nos subterrâneos" (p. 229).
61 Esta palavra não foi reproduzida no *LN*.
62 A esta palavra segue, no *LN*, "e dos outros Deuses" (p. 230).
63 Em 1912, Jung visitou o St. Elizabeth Hospital em Washington a convite de William Alanson White e analisou "negros" para estabelecer se padrões coletivos de imagens eram racialmente específicos ou universais. Suas experiências apontaram para o segundo, e este foi um dos pontos de virada em sua formulação de um inconsciente coletivo. Cf. *Jung and the Making of Modern Psychology*: The Dream of a Science, p. 311ss.
64 Essa expressão foi substituída no *LN* por "as doutrinas pagãs" (p. 230).

o Evangelho de Cristo.[65] E é com isto que me ocupo agora: leio o Evangelho e procuro um sentido vindouro. Conhecemos seu significado [29/30] no passado, na medida em que conhecemos as religiões do passado.[66] É um equívoco secular acreditar que as religiões são diferentes também em sua essência. No fundo, é sempre a mesma religião. Cada forma de religião subsequente é o sentido da anterior".

E descobriste o significado vindouro?

"Não, é muito difícil, mas tenho esperança de que conseguirei. Às vezes, parece-me que preciso do estímulo de outros, mas são tentações de Satanás, eu sei".

Não acreditas que terias mais sucesso com esta obra se estivesses mais próximo das pessoas?

"Talvez tenhas razão (o anacoreta me olha com dúvida e suspeita), mas eu amo o deserto – entendes – este deserto amarelo, que arde no sol. Aqui, vês diariamente a face do sol, aqui estás sozinho, aqui vês Hélios todos os dias – não, isto é pagão – estou confuso – tu és Satanás – eu te reconheço – longe de mim, adversário!"[67]

Ele se levanta furioso e quer atirar-se sobre mim. [30/31]

Mas eu estou muito longe, no século XX,[68] e sinto o espírito da vida que cintila de muitas formas, na máscara do dia e na máscara da noite, impetuoso como uma tempestade e manso como uma brisa, duro como aço azul e macio como penugem, perto de mim, dentro de mim.

Mundo intermediário multicolorido, teus espaços são amplos o bastante para que a vida ~~finalmente~~ encontre sua residência ~~final~~?

---

65 Essa expressão foi substituída no *LN* por "a doutrina de Jesus" (ibid.).
66 No *LN*, essa oração foi substituída por: "Conhecemos seu significado como está patente diante de nós, mas não conhecemos seu sentido oculto que aponta para o futuro" (ibid.).
67 Os anacoretas cristãos estavam sempre em alerta contra a aparição de Satanás. Um exemplo famoso de tentações pelo diabo ocorre na *Vida de Santo Antão*, de Atanásio. Em 1921, Jung observou que Santo Antão alertou seus monges à esperteza com que "o diabo se disfarça para levar à queda os santos. O diabo é, evidentemente, a voz do próprio inconsciente do anacoreta que se volta contra a repressão violenta da natureza individual" (*Tipos psicológicos*, OC 6, § 76). As experiências de Santo Antão foram elaboradas por Flaubert em sua *Tentação de Antão*, uma obra que Jung conhecia (*Psicología e alquimia*, OC 12, § 59).
68 O restante desse registro não foi reproduzido no *LN*. Para o comentário de Jung sobre esse registro, cf. *LN*, p. 231-233.

2 de jan. 1914[69]

[70]Procuro aquelas regiões baixas em que as correntezas mansas, reluzindo em espelhos largos, se aproximam do mar, onde toda a pressa de fluir se acalma mais e mais e onde toda força e toda correria se unem à circunferência insondável do mar. As árvores se tornam mais escassas, amplos campos pantanosos acompanham as águas paradas e turvas, o horizonte é infinito e solitário, drapeado de nuvens cinzentas. Lentamente, com [31/32] respiração contida, com a grande e receosa expectativa daquele que escorregava selvagemente pela espuma e se despejou no infinito, sigo minha irmã, a água. Silencioso, quase imperceptível é seu fluir, mesmo assim, aproximamo-nos constantemente do abraço bem-aventurado e sublime para adentrar o ventre da fonte, a expansão ilimitada e profundeza insondável. Lá, surgem colinas amarelas baixas e longas, manchadas de mato preto e verde.[71] Um lago morto e amplo se estende aos seus pés. Caminhamos em silêncio ao longo das colinas, e elas se abrem para um horizonte sombrio e incompreensivelmente distante, onde céu e mar se fundem numa infinitude.

Lá no alto, na última duna, está alguém – ele veste um manto preto e enrugado. Ele não se mexe e [32/33] olha para a distância. Eu me aproximo dele: ele é pálido e magro, e há uma seriedade final em seus traços. Dirijo a palavra a ele:

Permite que fique do seu lado por um tempo, sombrio. Eu te reconheci de longe. Um único se põe de pé assim, como tu, tão solitário e no último canto da terra.

"Estranho, podes ficar aqui, se não for frio demais para ti. Vês que sou frio, e um coração nunca bateu em mim".

Sei, és gelo e fim. És a paz fria da pedra. És a ~~última~~ mais alta neve das montanhas e o gelo mais extremo do espaço sideral. Preciso sentir isto e, por isso, pretende ficar próximo de ti.

"O que te traz aqui a mim?, matéria viva? Os vivos nunca são hóspedes aqui. Todos eles passam fluindo por aqui em densas multidões pretas e com

---

69 Sexta-feira, *Líber Secundus*, cap. 6, "A morte" (*LN*, p. 234ss.).
70 No *LN*, Jung acrescentou: "Na noite seguinte, fui para a terra do Norte e encontrei-me sob céu cinzento, num ar nebuloso e úmido-frio" (p. 234).
71 A última cláusula não foi reproduzida no *LN*.

faixas de luto, todos aqueles [33/34] acima na terra do dia claro que partiram para nunca mais voltar. Mas os vivos nunca vêm para cá. O que procuras aqui?"

Meu caminho estranho e inesperado me trouxe aqui, enquanto eu seguia feliz o caminho da correnteza viva. E assim te encontrei. Suponho que este é teu lugar, teu devido lugar?

"Sim, depois daqui vem o indistinguível, onde ninguém é ~~apenas~~ igual ao outro, mas onde todos são uns com os outros. Vês ali o que agora se aproxima?"

Vejo algo semelhante a uma escura parede de neblina, que lentamente vem nadando na correnteza.

"Olha melhor, o que reconheces?"

Vejo que são densos exércitos de pessoas amontoadas, idosos, homens e mulheres e inúmeras crianças. Entre [34/35] eles, vejo cavalos, gado e animais menores, uma nuvem de insetos cerca o exército – uma floresta se aproxima pela água – inúmeras flores murchas – todo um verão morto. Já estão próximos – como é estarrecido e frio o ~~olh~~ olhar de todos eles – seus pés não se mexem – nenhum som escapa de suas fileiras cerradas – rígidos, se seguram pelas mãos e braços – todos eles olham para longe e nos ignoram – todos eles fluem e passam por nós em enorme correnteza.

Sombrio, esta visão é terrível.

"Tu quiseste ficar comigo. Controla-te." Agora vê!"

Vejo como as fileiras mais adiantadas alcançam o ponto em que a maré se mistura poderosamente com a água da correnteza. E parece como se [35/36] uma onda de ar confrontasse o fluxo dos mortos, lançando-os para o alto, esvoaçando em farrapos pretos e dissolvendo-os em turvas nuvens de neblina. Onda após onda se aproxima, e multidão após multidão se desfaz em ar turvo.

Sombrio, dize-me, é este o fim?

"Vê".

O mar escuro rebenta pesadamente – um brilho avermelhado se espalha nele – é como sangue – um mar de sangue espumeja aos nossos pés – a profundeza do mar brilha – como me sinto estranho – estou suspenso pelos pés? – é o mar ou é o céu? Sangue e fogo se misturam numa bola – luz vermelha [36/37] irrompe de um véu fumacento – um novo sol se desprende flamejante do mar sangrento e corre incandescente em direção da maior profundeza – ele desaparece sob meus pés.[72]

Olho ao meu redor, estou só. A noite caiu. Como dizia Amônio: A noite é o tempo do silêncio.[73]

5 I 1914.[74]

Precisamos da luz. Temos luzes suficientes – fogos fátuos – mas falta-nos luz.

Como é escura a trilha do homem quando ele alcança o novo mundo, o mundo intermediário! Acima de nós, escuridão ilimitada. Onde é este "acima de nós"? Provavelmente mais fundo dentro de nós mesmos.[75] [37/38]

Vejo pradarias amplas com capim alto – e um um tapete de flores – colinas suaves – um bosque na distância. Encontro dois artífices itinerantes estranhos – provavelmente, companheiros de viagem bem casuais; um velho monge e um sujeito muito alto e magro com um andar ostensivamente infantil e uma estranha roupa vermelha desbotada. Eles parecem imersos numa conversa animada.[76] Quando se aproximam, reconheço no sujeito alto o cavaleiro Vermelho – como ele mudou! – está mais velho, seu cabelo ruivo está grisalho, sua roupa de vermelho flamejante está desgastada, surrada – ele passa uma impressão de pobre. Mas o outro? Ele tem uma pança e não parece ter passado por dias ruins. Seu rosto, porém, me parece familiar. É o anacoreta![77] Que mudanças são estas! E de onde vêm essa gente tão diferente? [38/39] Eu me aproximo deles e os saúdo. Ambos me olham assustados e fazem o sinal da cruz. Consternado olho para o meu corpo. Estou totalmente coberto de folhas verdes, que parecem brotar da minha roupa ou do meu corpo. Rindo, eu os saúdo uma segunda vez. O monge exclama: "Apage Satanas"[78] – o Vermelho: "Maldita gentalha pagã da floresta" –.

---

72 Cf. a visão de 12 de dezembro de 1913 (cf. *Livro 2*, p. 168-171).
73 Para o comentário de Jung sobre esse registro, cf. *LN*, p. 236-238.
74 Segunda-feira. *Liber Secundus*, cap. 7, "Os restos de templos antigos" (*LN*, p. 239ss.). Os primeiros dois parágrafos não foram reproduzidos no *LN*, que começou com "E apareceu outra vez uma nova aventura".
75 O parágrafo precedente não foi reproduzido no *LN*.
76 A oração precedente não foi reproduzida no *LN*.
77 "por todos os Deuses, é Amônio!", no *LN*.
78 "Vai-te, Satanás" – uma expressão comum na Idade Média. Cf. Cristo a Pedro, Mt 16,23: "Afasta-te de mim, Satanás. Tu és para mim uma pedra de tropeço, porque não tens senso para as coisas de Deus, mas para as dos homens".

Eu: "Mas meus queridos amigos, o que há de errado convosco? Eu sou o estranho hiperboreano que te visitou,[79] monge,[80] no deserto líbio, e sou o vigia na torre que tu, Vermelho, visitaste.

M.:[81] "Eu te reconheço, mais supremo dos diabos. Contigo começou a minha ruína." – O Vermelho o olha com repreensão e lhe dá uma cotovelada nas costelas. O monge, acanhado, para. Agora, o Vermelho me diz com arrogância: [39/40]

"Já na época, a despeito de tua seriedade hipócrita, tu me passavas uma impressão preocupante de falta de caráter. Essa tua maldita pose cristã" – agora, o monge lhe dá uma forte cotovelada, e o Vermelho se cala embaraçado.

Assim, os dois ficam diante de mim, embaraçados e cômicos, mas também lamentáveis.

Eu: "Homem de Deus, de onde vens? Que destino ultrajante te traz aqui e ainda na companhia do Vermelho?"

M: "Prefiro não falar contigo. Mas parece ser uma provisão de Deus, da qual não podemos fugir. Sabe então, que tu, espírito mau, cometeste um ato terrível contra mim. Tu me seduziste com tua maldita curiosidade, para, desejoso, ~~pelos~~ estender a minha mão para os mistérios divinos, pois tu me conscientizaste de que, na verdade, eu nada sabia disso. Tua [40/41] observação de que, provavelmente, eu necessitava da proximidade das pessoas para alcançar os mistérios mais elevados, me entorpeceu como veneno infernal. Pouco tempo depois, reuni os outros irmãos do vale e proclamei a eles que um mensageiro de Deus tinha me aparecido – tão terrivelmente tinhas me cegado – e me ordenado a fundar um mosteiro com os irmãos. Quando o irmão Fileto levantou uma objeção, eu o refutei com referência àquela passagem nas Escrituras Sagradas, onde diz que não é bom que o homem esteja sozinho.[82] Assim, fundamos o mosteiro – próximo ao Nilo, onde podíamos ver os navios passar. Cultivamos campos fartos e tínhamos tanto a fazer que os estudos sagrados

---

79 Na mitologia grega, os hiperboreanos vivem numa terra de sol além do vento do norte e adoram Apolo. Em várias ocasiões, Nietzsche se referiu aos espíritos livres dos hiperboreanos (*Twilight of the Idols/The Antichrist*. Londres: Penguin, 1990, p. 127 [trad. R.J. Hollingdale]).
80 Em vez disso, *LN* usa "Amônio" em todo este registro (p. 239).
81 Abreviação para "*Mönch*" (monge).
82 Uma referência a Gn 2,18: "E o Senhor Deus disse: 'Não é bom que o ser humano esteja só. Vou fazer-lhe uma auxiliar que lhe corresponda'". Existe uma referência a Fileto na Bíblia, em 2Tm 2,16-18: "Evita as conversas fúteis e mundanas. Os que com elas se ocupam, mais e mais avançam para a impiedade, e sua palavra alastra-se como gangrena. Himeneu e Fileto são deste grupo. Eles desviaram-se da verdade, dizendo que a ressurreição já se realizou e, assim, subvertem a fé de alguns".

caíram em esquecimento. Tornamo-nos voluptuosos, e certo dia fui tomado de um anseio tão terrível de rever Alexandria. Queria visitar ali o bispo. Mas a primeiro a vida no navio e depois o tumulto nas ruas [41/42] de Alexandria me intoxicaram tanto que me perdi completamente. Como num sonho embarquei num dos navios grandes que navegam para a Itália, fui tomado de uma ganância insaciável de ver o grande mundo, bebi vinho, me entreguei a prazeres e me tornei num animal completo. Quando pisei em terra firme em Nápoles,[83] lá estava o Vermelho, e eu vi que eu tinha caído nas mãos dos maus. –

"Calado, tolo velho", o Vermelho o interrompe. "Sem mim, tu terias te transformado completamente num porco. Quando tu me viste, tu finalmente te controlaste e amaldiçoaste a bebida e as mulheres e voltaste para o mosteiro.

Agora ouve minha história, maldito diabete pagão.[84] Eu caí em tua armadilha, tuas artes pagãs me seduziram. Depois daquela conversa, quando me cativaste com tua observação sobre a dança [42/43], fiquei sério, tão sério que fui para o mosteiro, orei, jejuei e me converti. Em minha cegueira, quis reformar a liturgia da Igreja e introduzi no ritual a dança com aprovação do bispo. Eu havia me tornado abade e era o único que tinha o direito de dançar diante do altar como Davi à frente da arca da aliança.[85] Aos poucos, porém, os frades também começaram a dançar, até mesmo a congregação e, no fim, a cidade inteira dançava. Era terrível. Eu fugi para a solidão e dancei o dia inteiro até a exaustão. Tentei fugir de mim mesmo e caminhava de noite, durante o dia me escondia e dançava sozinho nas florestas e montanhas desertas. Assim, fui atravessando toda a Itália, até alcançar o sul. Lá, não chamei mais tanta atenção quanto no norte e pude me misturar ao povo. Em Nápoles, em reencontrei um pouco o meu caminho, [43/44] e lá encontrei também este esfarrapado homem de Deus. Sua aparição me deu força. Através dele pude recuperar minha saúde. Já ouviste como também ele se animou comigo e reencontrou seu caminho.

M: Devo confessar, não me dei tão mal assim com o Vermelho. Ele é um tipo de diabo suavizado.

V: Também eu devo confessar que meu monge é do tipo pouco fanático. Apesar de eu ter desenvolvido uma aversão profunda a toda a religião cristã por causa das minhas experiências no mosteiro.

---

83 Jung visitou Nápoles em março de 1913 em seu caminho para os Estados Unidos.
84 Essa palavra foi omitida no *LN*.
85 Em 1Cr 1,15, Davi dança à frente da arca da aliança.

Eu: Queridos amigos, alegro-me de coração por vê-los juntos tão animados.

Ambos: Não estamos animados, zombador e adversário! Sai do caminho, ladrão, pagão!

Eu: Mas por que viajais juntos pela terra, se não sois amigos? [44/45]

Ambos se olham,[86] então diz o M: O que pode ser feito? Também o diabo é necessário, caso contrário é impossível incutir respeito nas pessoas.

V: É necessário que eu compactue com o clero, caso contrário perco minha clientela.

Eu: Portanto, as necessidades da vida vos reuniram! Então parai de brigar e sede amigos.

Ambos: Não podemos fazer isso.

Eu: Ah, vejo que é por causa do sistema. Quereis extinguir-vos primeiro? Agora abri caminho, velhos fantasmas![87]

8. I. 14.[88]

O caminho da vida leva além, além até das leis que eram sagradas. O caminho é solitário e repleto de tormento secreto. [45/46]

Ficaram para trás os campos da juventude, os prados fartos e alegres, as colinas suaves e as florestas verdes de primavera.[89]

Uma cordilheira desolada obstrui meu caminho. Apenas um desfiladeiro estreito me concede entrada. O caminho é estreito entre escarpas íngremes. Meus pés estão descalços e se ferem nas rochas pontudas.

Aqui a trilha se torna escorregadia, um lado do caminho é branco[,] o ~~ea~~ outro, preto. Eu piso no lado preto e recuo assustado – é metal quente. Piso no lado branco – é gelo. Mas é preciso. Ando o mais rápido possível, logo no metal quente, logo no gelo frio, e finalmente o vale se abre num poderoso caldeirão rochoso. [46/47]

Um caminho estreito, que passa por rochas quase verticais, leva para o alto, para um passo. Quando me aproximo do passo, soa, ou melhor, troveja algo do outro lado da montanha como metal. O som se aproxima e aumenta poderosamente. Ele troveja de longe como cem malhos, e o som ecoa nas montanhas

---

86 A cláusula precedente não foi reproduzida no *LN*.
87 Para o comentário de Jung sobre esse registro, cf. *LN*, p. 242-246.
88 Quinta-feira. *Líber Secundus*, cap. 8, "Primeiro dia", *LN*, p. 247ss.
89 Os dois parágrafos precedentes não foram reproduzidos no *LN*.

múltipla e terrivelmente. Quando alcanço o passo, vejo como, do outro lado, se aproxima um homem gigantesco. De sua enorme cabeça surgem dois chifres de boi, uma armadura preta cobre seu torso. Sua barba preta é cacheada e quadrada.⁹⁰ Suas pernas nuas estão cobertas ~~de~~ com pelo preto. Na mão, o gigante traz um preto machado de batalha preto com prata embutida.⁹¹

Antes de conseguir me recuperar de minha surpresa, [47/48] o gigante está na minha frente, e eu vejo seu rosto – é pálido e amarelado, rugas profundas. Como que surpreso, seus grandes olhos com forma de amêndoas se voltam para mim.

Sou tomado de pavor – este é Izdubar⁹² – o poderoso – o homem-touro. Ele está parado e olha para mim. Seu rosto fala de medo interno consumidor – suas mãos, seus joelhos tremem.

Izdubar, o poderoso, treme? Está com medo?

Eu o chamo: "Ó Izdubar, o mais poderoso, poupa minha vida e perdoa o fato de eu ter me deitado em teu caminho como um verme.

Iz: Não quero tua vida, estranho. Donde vens? [48/49]

Eu: "Venho do Ocidente".

Iz: Vens do Ocidente? Sabes da terra do Ocidente?⁹³ É este o caminho certo para a terra do Ocidente?

Eu: Venho de uma terra ocidental, cujos litorais são banhados pelo grande mar ocidental.

Iz: O sol afunda naquele mar? Ou, em seu ocaso, ele toca a terra firme?

Eu: O sol se põe muito além do mar.

Iz: Além do mar? O que há ali?

Eu: Lá não há nada, espaço vazio. Pois a terra é redonda e, além disso, gira em torno do sol.

---

90 No lugar da última palavra, *LN* diz: "enfeitada com pedras exóticas" (p. 247).
91 No *LN*, a ferramenta é descrita como um "machado brilhante de dois gumes, com o qual se abatem os touros" (ibid.).
92 Izdubar é um nome antigo dado à figura conhecida como Gilgamesh. Isso se baseava numa transcrição errada. Em 1906, Peter Jensen observou: "Estabeleceu-se agora que Gilgamesh é o protagonista principal deste conto épico, e não Gischtubar ou Izdubar, como se acreditava anteriormente" (*Das Gilgamesch-Epos in der Weltliteratur* [Estrasburgo: Karl Trübner, 1906], p. 2). Jung tinha discutido o epos de Gilgamesh em *Símbolos da transformação*, usando a forma corrigida, citando várias vezes a obra de Jensen; cujo retrato na p. 36 do *LN* se parece muito com uma ilustração em ROSCHER, W. *Ausführliches Lexikon der Griechischen und Römischen Mythologie*. Vol. 2. Leipzig: Teubner, 1884-1937, p. 775; Jung possuía um exemplar do livro.
93 Na mitologia egípcia, as terras ocidentais (a margem ocidental do Nilo) são as terras dos mortos.

Iz: Maldito, donde tens tal conhecimento? Então não existe [49/50] aquela terra imortal, onde o sol cai para renascer? Dizes a verdade?

Seus olhos flamejam de raiva e medo. Ele se aproxima com um enorme passo. Eu estremeço.

Eu: Ó Izdubar, mais poderoso, perdoa minha petulância. Mas digo realmente a verdade. Venho de uma terra em que isto é ciência inquestionável e onde residem as pessoas que, em seus navios, navegam ao redor da terra. Nossos eruditos sabem exatamente através de medições o quanto dista o sol de cada ponto da superfície da terra. O sol é um corpo celeste, que se encontra a uma distância indizível no infinito espaço sideral.

Iz: Infinito, dizes tu? O espaço sideral é infinito? E nunca podemos [50/51] chegar ao sol?

Eu: Se és do tipo mortal, jamais podes alcançar o sol.

Vejo como ele é tomado de medo sufocante.

Iz: Eu sou mortal — e jamais alcançarei o sol, a imortalidade?

Ele estilhaça seu machado nas rochas com um golpe violento e ressonante.

Iz: Vai-te, arma miserável, tu não prestas. O que deverias prestar contra a infinitude, contra o eternamente vazio e impreenchível? Não tens mais ninguém a derrotar. Estilhaça-te — para que serves?

No Ocidente, o sol [51/52] mergulha no seio de brilhantes nuvens vermelhas.

Iz: E assim te vais, sol, Deus triplamente amaldiçoado, e te envolves em tua infinitude —

Ele recolhe as peças quebradas de seu machado e as atira contra o sol.

"Aqui tens teu sacrifício, teu último sacrifício, ganancioso dragão estrangulador."[94]

Iz. desmorona e soluça como uma criança.

Abalado, permaneço onde estou e não ouso me mexer.

Iz. gemendo: Verme miserável, onde bebeste este veneno?

Eu: Ó Izdubar, poderoso, o que chamas veneno é a ciência. Em nossa terra, [52/53] somos nutridos com ela desde a juventude, e isto pode ser uma razão pela qual não crescemos direito e permanecemos pequenos como anões. Quando te vejo, porém, parece-me como se todos nós estivéssemos envenenados.[95]

---

94 A última expressão não foi reproduzida no *LN*.
95 Na *Gaia ciência*, Nietzsche argumentou que o pensamento originou da cultivação e união de vários impulsos que tinham o efeito de venenos: o impulso de duvidar, de negar, de aguardar, de reunir

Iz: Nenhum forte jamais me derrubou, nenhum monstro resistiu à minha força. Mas teu veneno, verme, que tu puseste em meu caminho, paralisou-me na medula. Teu veneno mágico, porém, é mais poderoso do que o exército de Tiamat.[96]

Como que paralisado, ele permanece deitado no chão.

Iz: Deuses, ajudai, deitado aqui está vosso filho, derrubado pela picada no calcanhar da serpente invisível. Tivesse eu te esmagado quando te vi e nunca tivesse ouvido tuas palavras! [53/54]

Eu: Ó Izdubar, homem grande e lamentável! Tivesse eu sabido que minha ciência fosse capaz de te derrubar, eu teria fechado minha boca diante de ti. Mas eu queria falar-te a verdade.

Iz: Chamas o veneno de verdade? A verdade é veneno? Os nossos astrólogos e sacerdotes não dizem também a verdade? No entanto, ela não age como veneno.

Eu: Ó Izdubar, a noite está caindo, e aqui nas alturas fica ~~gelado~~ frio. Não queres que chame ajuda para ti junto às pessoas no vale?

Iz: Deixa. Prefiro que me respondas.

Eu: Mas não podemos ficar aqui filosofando. Teu estado lastimável requer ajuda.

Iz: Eu te digo, deixa. Se tiver que morrer esta noite, assim [54/55] seja. Agora responde.

Eu: Temo que minhas palavras sejam fracas se tiverem que curar. Sua força destruidora me parece ser maior.

Iz: Coisas piores não podem causar. A desgraça já aconteceu. Dize, então, o que sabes. Talvez tenhas uma palavra mágica que dissolva o veneno.

Eu: Minhas palavras, ó Izdubar, são pobres e não possuem poder mágico.

Iz: Que seja, fala!

Eu: Não duvido que vossos sacerdotes digam a verdade. Certamente é uma verdade, ela só diz outra coisa do que a nossa verdade.

Iz: Existem, porventura, duas verdades?

---

e de dissolver ("On the doctrine of poisons". In: *The Gay Science*. Nova York: Vintage, 1974, livro 3, § 113).

96 Na mitologia babilônica, Tiamat é a mãe dos Deuses e luta com um exército de demônios.

Eu: Parece-me que sim. A nossa verdade é aquela que nos vem através do conhecimento das coisas externas. A verdade de vossos sacerdotes é aquela que vos advém através das coisas internas do espírito humano. [55/56]

Iz. levantando sua cabeça: Esta foi uma palavra boa e salutar.

Eu: Fico feliz que minha palavra tenha te causado alívio. Ah, soubesse eu muitas dessas palavras que pudessem te ajudar! Mas está escurecendo e esfriando. Quero fazer uma fogueira para esquentar a ti e a mim.

Iz: Faze isto. Tua ação talvez proporcione ajuda.

E. Cato lenha e acendo um grande fogo.

Iz: O fogo sagrado me aquece. Agora dize-me, como fazes um fogo de modo tão rápido e misterioso?

Eu: Tudo que necessito são simplesmente fósforos. Vê, são pedacinhos de madeira com uma substância química na ponta. Tu a esfregas na caixa e tens fogo. [56/57]

Eu demonstro o procedimento algumas vezes.[97]

Iz: Isto é admirável. Onde aprendeste esta arte?

Eu: Em nossa terra, todos conhecem fósforos. Mas isto não é nada. Também conseguimos voar com a ajuda de máquinas úteis.

Iz: Sabeis voar como pássaros? Se tuas palavras não contivessem tão poderosa magia, eu diria que estás mentindo.

Eu: Certamente não minto. Vê, tenho aqui, por exemplo, um relógio, que indica com precisão as horas do dia e da noite.

Iz: Isto é fantástico. Vejo que vens de uma terra estranha e maravilhosa. Certamente vens das afortunadas terras ocidentais? És imortal?

Eu: Eu – imortal? Não, nós somos totalmente [57/58] seres humanos mortais normais.

Iz. decepcionado: O quê, não sois nem mesmo imortais e entendeis tais artes?

Eu: Infelizmente, a nossa ciência ainda não conseguiu encontrar um remédio contra a morte.

Iz: E quem foi que vos ensinou tais artes?

Eu: Ao longo dos séculos, os seres humanos fizeram muitas invenções através da observação e ciência exata das coisas externas.

---

97 A linha precedente não foi reproduzida no *LN*.

Iz: Mas a ciência é a magia infame que me paralisou. Como é possível que ainda viveis se provais diariamente deste veneno?

Eu: Com o tempo, nós nos acostumamos a ele, assim como o ser humano se acostuma a tudo. Mas também estamos um pouco paralisados. Pelo menos, [58/59] esta ciência concede, por outro lado, grandes vantagens, como pudeste ver. O que perdemos em termos de força recuperamos muitas vezes através da dominação sobre as forças naturais.

Iz: Não é miserável estar paralisado desta forma? Eu, por minha vez, prefiro minha própria força às forças naturais. Eu deixo as forças ocultas aos artistas mágicos covardes e aos magos efeminados. Quando ~~um~~ eu esmago o crânio de alguém e o transformo em pasta, sua magia miserável cessa.

Eu: Mas tu vês que efeito o contato com a nossa magia atuou sobre ti. Terrível – acredito.

Iz: Infelizmente estás certo.

Eu: Bem, vê, não tivemos escolha. Somos obrigados a engolir o veneno da ciência. Caso contrário, aconteceria conosco o mesmo que aconteceu contigo – estaríamos totalmente paralisados se o encontrássemos desprevenidos [59/60]. E este veneno é tão insuperavelmente forte que todos, também o mais forte, até mesmo os Deuses eternos, perecem por causa dele. Se amamos nossa vida, preferimos sacrificar um pouco da nossa força vital a nos entregar à morte ~~xx~~ certa.

Iz: Já não acredito mais que vens da afortunada terra do Ocidente. Tua terra deve ser desolada, cheia de paralisia e renúncia. Tenho saudades do Oriente, onde flui a fonte pura da nossa verdade dispensadora de vida das coisas internas. Mas não posso mais voltar, minhas pernas não me sustentam.[98]

Suas pernas estão como que atrofiadas. Mas seus braços são fortes e saudáveis. O que se pode fazer?

Em silêncio, ficamos sentados junto ao fogo tremeluzente [60/61]. A noite é fria. Izdubar geme fortemente e olha para o céu estrelado:

"Dia mais terrível da minha vida – interminável – tão longo, tão longo – miseráveis artes mágicas – nossos sacerdotes não sabem nada, caso contrário, poderiam ter me protegido contra isso. – Até mesmo os Deuses morrem, diz ele.

---

[98] A oração precedente e o parágrafo seguinte não foram reproduzidos no *LN*.

Não tendes mais nenhum Deus?"

Eu: Não, tudo que nos resta são palavras.

Iz: Mas as palavras são poderosas?

Eu: Dizem que sim, mas não se percebe nada disso.

Iz: Nós também não vemos os Deuses e acreditamos mesmo assim que existem e reconhecemos sua ação nos eventos naturais.

Eu: A ciência nos tirou a capacidade de crer.[99]

Iz: Perdestes também isto? Como conseguis viver? [61/62]

Eu: Vivemos meio que assim-assim, com um pé no calor e o outro no frio, e, de resto, vamos levando a vida do jeito que dá.

Iz: Tu te expressas de modo obscuro.

Eu: E é assim que acontece conosco, é obscuro.

Iz: Conseguis suportar isso?

Eu: Não muito bem. Eu pessoalmente não me sinto à vontade com isso. Por isso parti xx numa jornada para a terra do sol nascente, para procurar a luz. Onde é que nasce o sol?

Iz: A terra é, como dizes, redonda. Ele Portanto, o sol não nasce em lugar nenhum.

Eu: O que quero dizer é: tendes a luz que nos falta?

Iz: Olha para mim. Eu floresci na luz daquele mundo oriental. Isso te permite medir quão fértil é aquela luz. Mas se vieres de uma terra tão escura, cuidado [62/63] com a luz excessivamente poderosa. Podes ficar cego, assim como todos nós somos um pouco cegos.

Eu: Se vossa luz for tão fabulosa quanto tu o és, eu serei precavido.

Iz: Fazes bem.

Eu: Tenho sede de vossa verdade.

Iz: Como eu da terra ocidental. Eu te previno logo.

Agora faz-se silêncio. Está tarde. E pegamos no sono junto ao fogo.[100]

---

99 A questão da relação entre ciência e crença foi crítica na psicologia da religião de Jung. Cf. "Psicologia e religião", 1938, OC 11/1.
100 Para o comentário de Jung sobre esse registro, cf. *LN*, p. 252-259.

9. I 14.[101]

Dormi pouco, apenas sonhos confusos me perturbaram em vez de me inspirarem a palavra redentora.[102]

Izdubar passou o dia inteiro deitado e em silêncio. Imerso em pensamentos, caminhei de lá para cá no cume da montanha e olhei para trás em direção da minha terra ocidental.[103] [63/64] Eu amo Izdubar e não quero que ele pereça miseravelmente. De onde buscarei socorro? Ninguém atravessará o caminho quente-frio, e eu – devo confessar isto – tenho medo de retornar por aquele caminho. Além disso, é longe demais para buscar ajuda humana no Ocidente. O passo é delimitado por escarpas verticais – não há como escapar.[104] E no Oriente – será que há socorro naquela direção? Mas e os perigos desconhecidos que esperam ali? Não quero ficar cego. Como isso ajudaria a Izdubar? Cego, não posso carregar este paralítico. Ah, se eu fosse forte como Izdubar! O que me servem aqui a tecnologia[105] e a ciência? Aqui termina a minha arte.[106]

"Izdubar,[107] ouve, não permitirei que pereças. Já cai [64/65] a segunda noite. Não temos comida, e[108] a morte certa te aguarda se eu não conseguir buscar ajuda. Não podemos esperar socorro vindo do Ocidente. Mas talvez seja possível no Oriente. Não encontraste ninguém em teu caminho que agora eu poderia chamar para nos socorrer?"

Iz: "Deixa. Que a morte venha quando quiser."

Eu: Meu coração sangra quando penso que teria que abandonar-te aqui, ó poderoso, sem ao menos ter tentado fazer de tudo por ti.

Iz: O que te vale a tua magia? Se fosses forte como eu, poderias me carregar daqui. Vosso veneno só destrói e não cura.

Eu: Se estivéssemos em minha terra, carros velozes [65/66] poderiam nos trazer ajuda.

Iz: Se eu tivesse ficado em minha terra, tua farpa envenenada não teria me acertado.

---

101 Sexta-feira. *Liber Secundus*, "Segundo dia", cap. 9, *LN*, p. 259ss.
102 No *LN*, esta oração foi substituída por: "Nenhum sonho inspirou-me a palavra redentora" (ibid.).
103 "onde havia tanto conhecimento e tanta possibilidade de ajuda" foi acrescentado aqui no *LN* (p. 259).
104 As duas orações precedentes não foram reproduzidas no *LN*.
105 Essa palavra não foi reproduzida no *LN*.
106 A oração precedente não foi reproduzida no *LN*.
107 "meu príncipe" foi acrescentado aqui no *LN* (p. 259).
108 No *LN*, essa palavra foi substituída por "nós" (ibid.).

Eu: Dize-me, não sabes de nenhuma ajuda do Oriente?

Iz: O caminho é longo e solitário. E quando alcançares a planície após atravessar as montanhas, encontrarás o sol violento, que te cegará.

Eu: E se eu caminhasse apenas durante a noite e passasse o dia escondido do sol?

Iz: É uma ideia.[109] Mas deixa. De que serviria? Minhas pernas estão ressecadas e mortas. Prefiro não levar para casa o espólio desta viagem.

Eu: Não posso te deixar assim. Partirei.

Iz: Talvez tu conseguirias te proteger [66/67] do sol. Mas o caminho pelas montanhas é repleto de perigos. Serpentes e monstros estão à espreita nele, e certamente serás sua vítima. Portanto, vês — nenhum caminho.[110]

Eu: Não devo arriscar o máximo?

Iz: Inútil. Nada ganhas se morreres.

Eu: Deixa-me pensar um pouco. Talvez me venha ainda algum pensamento salvador.

Eu me afasto e caminho para cima e para baixo de uma rocha que se projeta sobre a escarpa. Penso:

Grande Izdubar, homem-touro, estás numa posição sem saída — e eu não menos. O que devemos fazer? — Nem sempre é necessário fazer, às vezes, pensar é melhor. ~~Eu~~ No fundo, [67/68] tenho certeza de que Izdubar não é real no sentido comum, mas uma fantasia. Já ajudaria se a situação fosse contemplada sob outro ponto de vista.[111] Mas isto dificilmente perdurará. Naturalmente, Izdubar não aceitará que é uma fantasia e alegará que ele é ~~tão~~ totalmente real e que ele só pode ser ajudado de modo real. — Mesmo assim, vale a pena tentar.

"Izdubar,[112] poderoso, ouve: Veio-me um pensamento que talvez traga salvação. Pois acredito que não és real, mas apenas uma fantasia."

Surpreso, Iz. volta a cabeça para mim:[113] Teus pensamentos me aterrorizam — são assassinos. Queres agora declarar-me irreal, depois que [68/69] me paralisaste miseravelmente?

---

109 No *LN*, a oração precedente foi substituída por: "de noite saem todas as cobras e dragões de seus buracos e tu, desarmado, serás vítima irremediável deles" (p. 260).
110 Os dois parágrafos precedentes não foram reproduzidos no *LN*.
111 "...fosse dado... fosse dado... fenomenal, o fato de que aqui até ecoarem os pensamentos, é preciso que se esteja bem sozinho" foi acrescentado aqui no *LN* (p. 260).
112 Essa palavra foi substituída no *LN* por "Meu príncipe" (p. 261).
113 A oração precedente não foi reproduzida no *LN*.

Eu: Talvez eu tenha me expressado de modo infeliz e falado demais na língua da terra ocidental. Naturalmente, não quero dizer que és totalmente irreal, mas apenas tão real quanto uma fantasia. Se conseguisses aceitar isso, grande Izdubar, muito estaria ganho.

Iz: O que estaria ganho com isso? És um diabo atormentador.

Eu: Digno de compaixão, não quero atormentar-te. A mão do médico não pretende torturar, mesmo faça doer. Será que não conseguirias aceitar que és uma fantasia?

Iz: Ai de mim. Em que tipo de magia pretendes me emaranhar? Ajudará se eu me declarar uma fantasia?

Eu: Tu sabes, o nome que portas [69/70] significa muito. E sabes também que, muitas vezes, dão aos enfermos um nome novo para curá-los. Pois, com ele, recebem uma nova natureza. Tua natureza está contida em teu nome.

Iz: Estás certo. Nossos sacerdotes afirmam o mesmo.

Eu: Então admites que és uma fantasia?

Iz: Se isto ajudar – sim.

[114] ~~Eu:~~ Agora ele é uma fantasia, mas a situação continua extremamente complicada. Nem mesmo uma fantasia pode ser simplesmente negada.[115] Algo deve ser feito com ela. Pelo menos é uma fantasia, é, portanto, consideravelmente mais volátil. Ah, vejo uma possibilidade. Agora já posso tomá-lo sobre os ombros.

["]Izdubar, fantástico, um caminho [70/71] foi encontrado. Ficaste leve, mais leve do que uma pena. Agora, posso carregar-te["].

Eu o levanto do chão. Ele é até mais leve do que o ar, e tenho dificuldades em manter os pés no chão, pois minha carga me levanta no ar.

Iz: Isto foi um golpe de mestre da vossa arte. Para onde me carregas?

Eu: Estou te levando para a terra do Ocidente. Meus camaradas ficarão felizes em te acomodar. Quando deixarmos para trás as montanhas e alcançarmos as cabanas hospitaleiras das pessoas, ~~tentaremos~~ procuraremos descobrir se existe um remédio para restaurar-te completamente.

Com cuidado, desço pela trilha rochosa, correndo um perigo maior de ser levado pelo vento [71/72] do que de despencar. Agarro-me à minha carga

---

114 "A voz interior agora falou-me então da seguinte maneira:" (p. 261).
115 "e manipular com resignação" (ibid.).

excessivamente leve. Finalmente alcançamos o fundo do vale, e ali já está também o caminho das dores quente-frio. Desta vez, porém, o vento me sopra ao longo da garganta rochosa e pelos campos afora, ao encontro de casas habitadas. O caminho das dores não atingiu a planta dos meus pés. Agora, atravesso correndo uma linda paisagem de colinas. Vejo duas pessoas à minha frente na estrada rural. São o anacoreta e o Vermelho. Quando quase os alcançamos, eles se viram e, com gritos desesperados, fogem pelos campos.

Iz: surpreso: Quem são estes desfigurados, são teus camaradas?

Eu: Não são pessoas, são [72/73] relíquias do passado que encontramos ocasionalmente. Antigamente eram de grande importância, agora, são usados especialmente para pastorear ovelhas.

Iz: Que terra esquisita!

Lá, vejo uma cidade. Melhor evitá-la. É possível que haja um tumulto popular.

Iz: Não queres ir para aquela cidade?

Eu: Não, lá residem os esclarecidos[116] – na verdade, eles são perigosos, pois preparam os venenos mais fortes, dos quais se até nós devemos nos proteger.[117] Mas não precisas te preocupar, já está quase escuro e ninguém pode nos ver.[118] Conheço aqui uma casa de campo solitária. Lá tenho amigos confiáveis, que nos acolherão por esta noite.

Alcanço um jardim quieto [73/74] e escuro, nele se ergue uma casa reclusa. Escondo Izdubar debaixo dos galhos frondosos de uma árvore e vou até o portão e bato. Uma velha serva abre a porta.[119] Contemplo a porta, ela é pequena demais. Izdubar não poderá entrar por aqui. Mas uma fantasia não ocupa espaço! Por que não tive esta ideia antes. Volto correndo e, com facilidade, reduzo Izdubar ao tamanho de um ovo e o coloco no bolso. Assim, entro na casa hospitaleira das pessoas, onde Izdubar deve encontrar sua cura.[120]

---

116 No *LN*, a oração precedente foi substituída por: "Não, Deus me livre, não quero provocar um motim, lá moram os esclarecidos. Tu não percebes seu cheiro?" (p. 292).

117 "As pessoas de lá são totalmente paralíticas, envolvidas num vapor marrom de veneno, rodeadas por máquinas barulhentas que matraqueiam e só conseguem mover-se por meios artificiais" foi acrescentado aqui no *LN* (ibid.).

118 "Além disso, ninguém afirmaria ter-me visto" foi acrescentado aqui no *LN* (ibid.).

119 A linha precedente não foi reproduzida no *LN*.

120 Para o comentário de Jung sobre este registro, cf. *LN*, p. 263-265. Ele disse o seguinte a Aniela Jaffé com referência a essas seções: "Reconhecerás também aquilo que é impulsionado por medo em minhas imaginações, isto é, em minhas tentativas de representar como é possível esquivar-se de um emaranhado tão pavoroso. Podes ver isto com a maior clareza no capítulo sobre o diabo. Ou,

10. I. 14.[121]

Parece que algo foi alcançado através desta vivência memorável. Mas ainda não é possível prever para onde tudo isto levará. Mal ouso dizer que o destino de Izdubar é grotesco e trágico. [74/75], pois a vida mais sagrada é grotesca e trágica. A tentativa de Fr. Th. Vischer (A[uch] E[iner])[122] foi a primeira a elevar esta verdade ao sistema. A ele cabe um lugar entre os imortais.

O intermediário é a verdade. Ela possui muitas faces, uma é cômica; a outra, triste; uma terceira, má; uma quarta, trágica; uma quinta, engraçada; uma sexta é uma careta etc.

Quando uma destas faces se torna especialmente indiscreta, ~~somos~~ reconhecemos nisso que nos desviamos da verdade certa e nos aproximamos de um extremo, que é um beco sem saída se teimarmos em avançar por este caminho. ~~É~~

É uma tarefa sangrenta escrever uma sabedoria da vida real, especialmente também quando se tem passado muitos anos [75/76] na seriedade da ciência. O mais difícil é compreender a jocosidade (ou até mesmo – a infantilidade) da vida. Todos os variados lados da vida, o grande, o belo, o sério, o preto, o diabólico, o bom, o risível, o grotesco, são campos de aplicação, cada um dos quais ~~procura~~ costuma devorar completamente o contemplador ou descritor.

Nosso tempo exige algo que seja capaz de regulamentar o espiritual. Assim como o mundo do concreto se expandiu a partir da limitação da ~~pessoa~~ concepção antiga para a imensurável variedade da concepção moderna, assim se

---

por exemplo, no capítulo com Gilgamesh-Izdubar. É realmente bastante estúpido; porque devo quebrar minha cabeça sobre como ajudar ao gigante morto. Mas eu sabia: Se eu não fizer o máximo, eu terei perdido a batalha. Posso então alegar que era meramente uma fantasia. Mas eu ainda saberia que tinha falhado. Tenho feito esforços enormes para encontrar uma solução, sem me preocupar com como isso era ridículo. Eu precisava encontrar uma fórmula através da qual essa fantasia podia assumir todo o seu significado e, ao mesmo tempo, me libertar. Em certo sentido, paguei pela solução ridícula que encontrei com a percepção de que eu tinha capturado um Deus, por assim dizer. Essas imaginações são uma mistura virtualmente infernal do ridículo e do sublime. Isso me custou tanto que fiquei preso com um rato por tais irrealidades ridículas e que então pude me libertar com extrema coragem e a boa vontade da minha vítima. É como enganar uma pessoa que está se afogando numa banheira que, na verdade, é o oceano" (MP, p. 147-148).

121 Sábado. *Liber Secundus*, cap. 11, "A abertura do ovo" (*LN*, p. 273ss.). Os seis primeiros parágrafos não foram reproduzidos no *LN*.

122 A obra de Vischer era *Auch Einer: Eine Reisebekanntschaft* (Stuttgart, 1884). Em 1921, Jung escreveu: "O romance de F.T. Vischer *Auch Einer* dá uma visão pertinente desse lado do estado introvertido da alma, bem como do simbolismo subjacente ao inconsciente coletivo" (*Tipos psicológicos*, OC 6, § 669). Em 1932, Jung comentou sobre Vischer em *The Psychology of Kundalini Yoga*, p. 54. Cf. tb. HELLER, R. "Auch Einer: the Epitome of F.Th. Vischer's Philosophy of Life". In: *German Life and Letters* 8, 1954, p. 9-18.

desenvolveu também o mundo das possibilidades intelectuais para a diversidade insondável. ~~Distâncias~~ Trilhas infinitamente longas, pavimentadas com milhares de tomos grossos, levam [76/77] de uma especialização para outra. Em breve, ninguém mais conseguirá seguir esses caminhos. Então só existirão especialistas.

Mais do que nunca, necessitamos da verdade viva da vida espiritual, de algo que regulamente e oriente.

À noite, quando tudo tinha se acalmado, coloquei a mão em meu bolso e tirei dele o ovo. Era um ovo real com casca branca e dura.[123]

Eu o coloco no tapete, no centro do quarto e o abro cuidadosamente. Dele sai algo semelhante a uma fumaça e sobe até o teto do quarto, e diante de mim está a figura de Izdubar, gigantesca e perfeita. Os seus membros também estão perfeitos, e não encontro nenhum traço da paralisia nele. É como se [77/78] ele despertasse de um sono profundo.

Iz: Onde estou? Como é apertado aqui, e como está escuro e frio – estou no túmulo? Onde estive? Parecia-me como se eu estivesse lá fora, no imenso espaço sideral – acima e abaixo de mim um céu ~~preto~~ infinitamente preto e estrelado – eu ardia em anseio indizível – torrentes de fogo irrompiam do meu corpo – eu flutuava em chamas pulsantes – eu nadava num mar ~~das~~ de chamas cheias de vida e prensadas contra mim – inteiramente luz, inteiramente anseio – inteiramente eternidade – primordial e renovando-me eternamente – do mais alto eu caía para o mais baixo e, brilhando, era lançado do mais baixo para o mais alto [78/79] – flutuando em torno de mim mesmo em nuvens ardentes – e como chuva de brasas que caía como a espuma da maré, envolvendo-me com calor – novamente, de repente, lançando-me como chamas para o alto – abraçando e rejeitando-me num enorme jogo.

Onde estive?

Eu era completamente sol.[124]

---

[123] No *LN*, esse parágrafo foi substituído por: "À noite do terceiro dia, ajoelhei-me novamente no tapete e abri cuidadosamente o ovo" (p. 273). Na versão aqui, a regeneração de Izdubar acontece por conta própria; no *LN*, ela recebe a assistência ativa da recitação de encantações (capítulo 10, p. 266-270).

[124] Roscher observa: "Como um Deus, Izdubar é associado ao Deus-sol" (*Ausführliches Lexikon der Griechischen und Römischen Mythologie*, vol. 2, p. 774). A incubação e o renascimento de Izdubar seguem ao padrão clássico de mitos solares. Em *Das Zeitalter des Sonnengottes*, Leo Frobenius ressaltou que o

Eu: Ó Izdubar, divino, que milagre! Estás curado.

Iz: Curado? Quando estive doente? Quem está falando de doença?

Eu era sol – todo sol.

Eu sou o sol.

Uma luz inexprimível irrompe [79/80] de todo o seu corpo, uma luz que meus olhos não conseguem compreender. Preciso cobrir o meu rosto para não ficar cego – escondo meu rosto no chão porque a cobertura não protege os meus olhos.¹²⁵

"Tu és o sol, a luz eterna – perdoa, poderosíssimo, que minha mão tenha te carregado – – –

Tudo está silencioso e escuro. Olho em volta – no tapete está a casca vazia de um ovo.

Eu apalpo a mim mesmo, os móveis, as paredes, tudo é como sempre foi, totalmente simples e totalmente real. Eu gostaria de dizer que tudo ao redor se transformou em ouro, mas não é verdade; tudo é como sempre foi.

Por aqui passou a luz da vida [80/81], infinita e poderosa?¹²⁶ –

Quem puder, ajude a resolver enigmas – estou tonto – é esta a trilha da vida?¹²⁷

12 ☿ I. 14.¹²⁸

Vejo uma imagem – uma imagem terrível:¹²⁹

Uma abóbada sombria – o chão, uma laje de pedras lisa e úmida – no centro, uma estaca alta¹³⁰ – nela estão pendurados cordas e ganchos. Aos pés da

---

    motivo difundido de uma mulher que engravida através da Concepção Imaculada e dá à luz o Deus--sol, que se desenvolve num período notavelmente curto. Em algumas formas, ele incuba num ovo. Frobenius relacionou isso ao cair e ao nascer do sol no mar (Berlim: G. Reimer, 1904, p. 223-263). Jung citou essa obra em várias ocasiões em *Transformações e símbolos da libido*. Ele conheceu Frobenius em *Count Keyserling's School of Wisdom* na década de 1920 (MP, p. 18).

125 A cláusula precedente não foi reproduzida no *LN*.

126 O ponto de interrogação e o restante desse parágrafo não formam reproduzidos no *LN*.

127 Para o comentário de Jung sobre esse registro, cf. *LN*, p. 274-280. Em *Tipos psicológicos*, ele escreve: "O Deus renovado significa uma atitude renovada, ou seja, a possibilidade renovada de vida intensa, uma nova consecução da vida porque psicologicamente Deus significa sempre o valor maior, a maior quantidade de libido, a maior intensidade de vida, o ótimo da vitalidade psicológica" (OC 6, § 298).

128 Segunda-feira. *Líber Secundus*, cap. 12, "O inferno" (*LN*, p. 280ss.).

129 No *LN*, essa oração foi substituída por: "Na segunda noite após a criação do meu Deus, informou-me uma visão de que eu havia chegado ao submundo" (p. 280).

130 Alterado para "coluna" no *LN* (ibid.).

estaca,[131] um emaranhado de corpos humanos parecido com uma serpente – no centro, a figura deitada de uma linda mulher jovem com maravilhosos cabelos ruivo-dourados – ela está nua – metade de um homem sem barba em apertada roupa roxa está embaixo dela.[132] Sua cabeça está inclinada para trás – vejo um fio de sangue em sua testa – dois outros homens vestidos identicamente[133] se jogaram sobre os pés [81/82] e o corpo da moça. Eles têm rostos sem barba de expressão desumana – a essência do mal[134] – seus músculos são poderosos; e seus corpos, maleáveis como cobras – com sua mão, a moça cobre o olho do homem deitado embaixo dela, que é o mais poderoso dos três – ~~em~~ sua mão ~~está~~ se agarra firmemente a uma pulseira de prata,[135] na qual há um pequeno gancho, que, de alguma forma, ela cravou ~~num~~ no olho direito deste diabo.

O emaranhado está totalmente imóvel, e eu entendo – eles queriam torturar a moça,[136] ela se defendeu e conseguiu furar o olho do mal com o pequeno gancho – se ele se mexer, ela lhe [82/83] arrancará o olho com um último puxão.

O horror me paralisa. O que acontecerá?

A voz interior diz: "O mal não pode fazer sacrifício, ele não pode sacrificar o seu olho. A vitória está com aquele que pode sacrificar".[137]

O mal? Tenho pensado pouco demais no mal. O mal também é. O mal, o mal abismal não deve ser esquecido. Não existe encobrimento científico para ele. Também a palavra "mal" é lugar-comum, mas não a coisa em si.[138]

[139] Existe aqui uma relutância interior – o que é que não quero ver? Um sentimento doentio de repugnância se apodera de mim – serpentes repugnantes e traiçoeiras se arrastam lentamente pelo mato, se penduram [83/84]

---

131 Também alterado para "coluna" no *LN* (ibid.).
132 No *LN*, o homem é descrito apenas como tendo um "aspecto demoníaco" (ibid.).
133 Substituído por "demônios" no *LN* (ibid.).
134 Alterado para "o mal em pessoa" no *LN* (ibid.).
135 Alterado para "anzol de prata" no *LN* (ibid.).
136 "até a morte" foi acrescentado no *LN* (ibid.).
137 Para o comentário de Jung sobre essa seção deste registro, cf. *LN*, p. 281-284. No volume caligráfico, ele acrescentou à margem a seguinte observação sobre essa passagem: "Cataphatha-brahmana 2.2.4" (in: MÜLLER, M. (org.). *Sacred Books of the East*, vol. 12) fornece a justificação cosmológica por trás de Agnihotra. Começa descrevendo como Prajapati, desejando ser reproduzido, produz Agni de sua boca. Prajapati se oferece a Agni e se salva da morte, quando está prestes a ser devorado. A *agníhotra* (lit. "cura de fogo") é um ritual veda realizado ao pôr e ao nascer do sol. Os executores do ritual purificam a si mesmos, acendem um fogo sagrado e cantam versos e uma oração a Agni.
138 O parágrafo precedente não foi reproduzido no *LN*.
139 *Líber Secundus*, cap. 13, "O assassinato sacrificial" (*LN*, p. 284ss.).

preguiçosamente e cheias de sono asqueroso, emaranhadas em enovelados abomináveis nos galhos – um horror de tocar as costas frias e lisas desses animais diabólicos – tudo em mim se recusa de pisar neste vale enfadonho e pouco vistoso, onde os arbustos se agarram a uma encosta pedregosa – o vale parece ser tão ordinário – seu ar cheira a crime, a todo ato mau e covarde – sou tomado de nojo e horror – relutante, atravesso um campo de pedregulhos – evitando qualquer local escuro. Tenho medo das serpentes. O sol brilha fosco no céu cinzento, e toda a relva está seca como no outono.

Nas pedras à minha frente, uma boneca com cabeça rompida – alguns passos adiante, um pequeno [84/85] avental infantil – e lá, atrás do arbusto – o corpo seminu de uma menininha – o corpo coberto de terríveis cortes e facadas – sujo de sangue – um pé está com meia e sapato, o outro está descalço e esmagado, a cabeça – onde está a cabeça? – a cabeça é uma massa de sangue misturada com cabelos e pedaços de ossos esbranquiçados – as pedras em volta estão sujas de cérebro e sangue.

Um pavor gélido prende meu olhar nesta visão terrível.

Uma figura velada, como a de uma mulher, está parada ali, calma, ~~com~~ um véu impenetrável cobre seu rosto. Eu a olho fixamente. [85/86]

Ela me pergunta em voz baixa:

"O que dizes, então?"

Eu: O que devo dizer? Não existem palavras para isso.

Ela: "Entendes isto?"

Eu: Eu me recuso a entender algo assim. Não posso falar disso sem me enfurecer.

Ela: Por que te enfurecerias? Poderias viver enfurecido todos os dias, pois estas e coisas semelhantes acontecem ~~quase~~ diariamente na terra.

Eu: Mas na maioria das vezes, eu não vejo.

Ela: Então o conhecimento não te basta para te enfureceres com isto?

Eu: Quando tenho apenas conhecimento de algo, é mais simples e leve. Não se [86/87] percebe o horror através de mero conhecimento.

Ela: Aproxima-te. Vês que o corpo da criança foi aberto com faca: tira o fígado.

Eu: Não tocarei neste cadáver. Se alguém me surpreendesse no ato, ele pensaria que eu sou o assassino.

Ela: És um covarde. Pega o fígado.

Eu: Por que eu faria isso? É absurdo.

Ela: Quero que tires o fígado. <u>Precisas</u> fazê-lo.

(Sua voz se torna ameaçadora.)[140]

Eu: Quem és tu para pensar que podes me dar esta ordem?

Ela: Sou a alma desta criança. Deves executar esta ação por mim.

Eu: Eu não entendo. Mas acreditarei [87/88] em ti e farei o absurdo abominável.

Meto a mão na cavidade abdominal – ela ainda está um pouco quente – o fígado está preso. Pego meu canivete e, tremendo de medo, o corto. Com mãos sangrentas, eu o estendo à figura.

Ela: Eu te agradeço.

Eu: O que devo fazer?

Ela: Tu conheces o significado antigo do fígado e deves executar um ato sagrado com ele.[141]

Eu: O que seria isto?

Ela: Toma um pedaço, em vez do fígado inteiro, e come-o.

Eu: O que exiges de mim? Isto é uma loucura terrível, isto é violação de cadáver e antropofagia! Tu fazes de mim um cúmplice [88/89] deste mais medonho de todos os crimes.

Ela: Em pensamentos concebeste os tormentos mais terríveis para o assassino, com os ~~torm~~ quais se poderia expiar o seu ato. <u>Só existe uma expiação: rebaixa-te e come.</u>

Eu: Não posso – eu me recuso. Não posso partilhar desta mais terrível das culpas.

Ela: Tens parte nesta culpa.

Eu: Eu – parte nesta culpa?

Ela: Tu és um ser humano, e um ser humano perpetrou este ato.

Eu: Sim, eu sou um ser humano – eu o amaldiçoo por ser um humano e a mim mesmo por ser um humano.

Ela: Então, toma parte no seu ato, rebaixa-te e come. Preciso da expiação.

Eu: Assim será, por ti, que [89/90] és a alma desta mais coitada das crianças.

---

140 A oração precedente não foi reproduzida no *LN*.
141 Em *Memórias*, ao comentar sobre o sonho de Liverpool (cf. livro 7, p. 238), Jung observou: "pois *líver*, o fígado, é, segundo uma velha concepção, a sede da vida" (p. 203).

Eu me ajoelho nas pedras, corto um pedaço do fígado e o enfio na boca, todas as minhas entranhas me sobem pela garganta, as lágrimas jorram dos meus olhos – suor frio respinga da testa – um gosto adocicado e insosso de sangue – engulo com esforço desesperado – não dá – mais uma vez e – mais uma vez – eu quase desmaio. – Está feito. O repugnante se consumou.[142]

Ela: Eu te agradeço.
Ela levanta seu véu – é uma linda moça com cabelos louros e suaves.
Ela: Tu me reconheces?
Eu: Quão estranhamente familiar tu és! [90/91] Quem és tu?
Ela: Sou a tua alma.[143]

Cai a cortina. Que brincadeira pavorosa foi feita aqui?
Percebo:
Nil humanum a me alienum esse puto.[144]

14. I. 14.[145]

– Tu és a tranquilidade – quem és tu?

Nomes e palavras não me interessam mais. Provavelmente não devem existir nem nomes nem palavras.[146]

Encontro-me num salão alto. À minha frente, vejo uma cortina verde entre duas colunas – a cortina se abre silenciosamente – a vista se abre para um quarto menos profundo [91/92] atrás dela – ladrilhos de pedra – uma parede lisa, nela uma pequena janela arqueada com vidro azulado. Eu ~~entro~~ coloco

---

142 Em 1940-1941, Jung discutiu a antropofagia ritual, sacrifício e sacrifício próprio em "O símbolo da transformação na missa", OC 11/3.
143 Para o comentário de Jung sobre a segunda parte desse registro, cf. *LN*, p. 287-290. O restante desse registro não foi reproduzido no *LN*.
144 A expressão provém do dramaturgo romano Terêncio, de *Heauton Timorumenos*, I. 77: "*homo sum: humani nil a me alienum puto*" (Sou um homem; nada humano é estranho a mim). Em 2 de setembro de 1960, Jung escreveu a Herbert Read: "Na qualidade de psicólogo e médico eu não só acho, mas estou plenamente convencido de que *nil humanum a me alienum esse* é inclusive meu dever" (*Cartas*, vol. 3, p. 284).
145 Quarta-feira. *Liber Secundus*, cap. 14, "A divina loucura" (*LN*, p. 291ss.).
146 Os dois parágrafos precedentes não foram reproduzidos no *LN*.

meu pé no degrau que leva a este quarto pela cortina e entro. À direita e à esquerda vejo uma porta na parede dos fundos do quarto.

É como se eu me encontrasse numa encruzilhada.[147] Devo escolher a direita ou a esquerda?

Eu escolho a direita. A porta está aberta, eu entro, é uma grande biblioteca de aparência sóbria e moderna – ambões, lâmpadas verdes – aparentemente, uma biblioteca tecnicamente bem-equipada.[148] No fundo, à direita, está sentado um homem baixo e magro [92/93] e um pouco pálido de mais ou menos 40 anos,[149] evidentemente um bibliotecário. – A atmosfera é pesada – ambições eruditas – presunção erudita – vaidade de erudição ferida – o medo do erudito do crítico maldoso e do concorrente mais feliz e o medo de estar errado.[150]

Além do bibliotecário, não vejo ninguém. Vou até ele. Ele levanta o olhar de seu livro e pergunta:

"O que desejas?"

Creio que o que me ocorre é Tomás de Kempis.[151]

Eu: "Desejo Tomás de Kempis: *A imitação de Cristo*".[152]

Levemente surpreso, ele me olha, como se ele não tivesse esperado isso de mim e me entrega uma ficha de requisição para que eu a preencha.

---

147 A linha precedente não foi reproduzida no *LN*.
148 No *LN*, a linha precedente foi substituída por "Estou na sala de leitura de uma grande biblioteca" (p. 291).
149 Sua idade não é identificada no *LN*.
150 A cláusula precedente não foi reproduzida no *LN*.
151 No *LN*, a linha precedente foi substituída por: "Estou um pouco confuso, pois não sei exatamente o que desejo: ocorre-me mencionar Tomás de Kempis" (p. 291).
152 *A imitação de Cristo* é uma obra de instrução devocional que apareceu no início do século XV e se tornou extremamente popular. Sua autoria ainda é disputada, mas costuma ser atribuída a Tomás de Kempis (c. 1380-1471), que pertencia à Ordem dos Irmãos da Vida Comum. Como comunidade religiosa nos Países Baixos, ela fazia parte da *devotio moderna*, um movimento que ressaltava meditação e a vida interior. Em linguagem clara e simples, *A imitação de Cristo* exorta o leitor a se preocupar com a espiritualidade e não com as coisas externas, dá conselhos sobre como isso pode ser alcançado e demonstra o conforto e as recompensas últimas de uma vida em Cristo. O título deriva da primeira linha do primeiro capítulo. O capítulo declara também: "Quem quiser compreender e saborear plenamente as palavras de Cristo, é-lhe preciso que procure conformar à dele toda a sua vida" (*Imitação de Cristo*. Petrópolis: Vozes, 2009, livro I, cap. I, p. 23 [trad. Tomás Borgmeier]). O tema da imitação de Cristo é muito mais antigo. Houve muita discussão na Idade Média sobre como o conceito deveria ser entendido. Sobre a história dessa noção, cf. CONSTABLE, G. "The Ideal of the Imitation of Christ". In: *Three Studies in Medieval Religious and Social Thought*. Cambridge: Cambridge University Press, 1995, p. 143-248. Como mostra Constable, duas abordagens amplas podem ser distinguidas, dependendo de como a imitação é compreendida: a primeira, a imitação da divindade de Cristo, ressaltava a doutrina da deificação por meio da qual "Cristo mostrou o caminho para se tornar Deus através dele" (p. 218). A segunda, a imitação da humanidade e do corpo de Cristo, ressaltava a imi-

tação de sua vida na terra. A forma mais extrema era a tradição dos estigmas, indivíduos que suportavam as feridas de Cristo em seu corpo. Em 1932, em "Relação entre a psicoterapia e a direção espiritual", Jung escreveu: "Nós, os protestantes, achamo-nos em melhores condições de abordar este problema. Devemos compreender a imitação de Cristo no sentido de que se trataria de copiar a sua vida, macaquear de algum modo os seus estigmas, as suas chagas, ou entendendo-o em seu sentido mais profundo, viver a nossa vida como ele viveu a sua, naquilo que ele tinha de mais próprio e irredutível. Imitar a vida de Cristo não é coisa fácil, mas é indiscutivelmente mais difícil viver a própria vida no espírito em que Cristo viveu a sua" (OC 11/6, § 522).

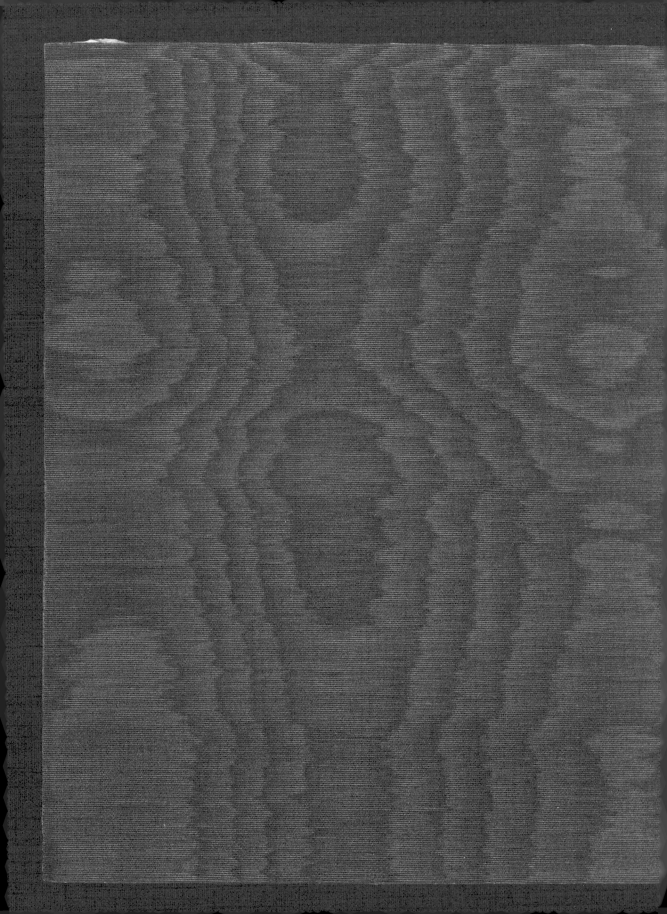